KB267659

전욱휴가 만난
월드 그레이트 티처
THE WORLD
GREAT TEACHERS

전욱휴가 만난

월드 그레이트 티처

THE WORLD
GREAT TEACHERS

전욱휴 지음

문학수첩

동서를 막론하고 골프에서의 고수란 단순한 생각과 동작으로 섬세한 샷을 연출하는 예술가다. 2008년 초 세계적인 교습가들을 만나기 위해서 올랜도로 향했다. 꼭 7년 만이었다. 2000년 말 13년간의 미국 생활을 마치고 귀국해서 7년을 하루처럼 바쁘게 살다가 올랜도 공항에 다시 선 나의 느낌은 새로웠다.

가장 먼저 찾아간 곳은 데이비드 리드베터가 있는 챔피언 게이트의 골프 아카데미였다. 1월의 덥지 않은 날씨와 탁 트인 정경, 그곳 아카데미는 한마디로 골퍼들에게 꿈같은 곳이었다. 곳곳에서 열심히 연습하는 선수들의 모습이 보였다. 데이비드 리드베터는 첫 대면부터 매우 진지했고, 그의 유창한 언변과 논리적인 설명이 인상적이었다. 그가 제시하는 골프의 기본인 퍼팅과 스윙부터 싱글 골퍼가 갖춰야 할 마인드 컨트롤 및 코스 공략 방법은 초보 골퍼뿐만 아니라 싱글 골퍼나 프로 골퍼들에게까지 도움이 될 것이다.

골퍼에게 가장 효과적인 가르침을 주는 교습가 중 한 명인 짐 매클린은 골퍼라면 누구나 배워 보고 싶어 하는 정통 풀스윙으로 유명하다. 8스텝 풀스윙 이론에서부터 장타자들에게 있어 관심의 대상인 '엑스팩터 이론'으로 스윙 시에 올바른 몸의 움직임, 각도, 위치를 자세히 알아본다.

작은 체격 때문에 생쥐라는 별명을 얻기도 한 밥 토스키는 뛰어난 교습가이기 이전에, 뛰어난 골프 선수였다. 누구 못지않은 장타자였고, 뛰어난 쇼트게임 플레이어였다. 1954년에는 벤 호건, 샘 스니드 같은 기라성 같은 골퍼들을 제치고 PGA투어 상금랭킹 1위를 차지했다.

올해 여든두 살인 토스키는 나이가 무색하게 250야드가 넘는 드라이버의 비거리를 자랑하며 이븐파를 칠 정도로 녹슬지 않은 기량을 자랑한다. 티칭 프로로서의 토스키는 쇼트게임의 중요성을 강조하는 한편 스윙의 전체적 느낌을 양손의 감각으로 강조하는 독특한 스타일을 지켜 오고 있다. 쇼트게임을 운영하는 노하우와 양손으로 느끼는 스윙의 감각을 알려 준다.

릭 스미스는 미국 《골프 다이제스트》가 선정한 세계 최고의 지도자 5인에 선정되기도 한 세계적 교습가이다. 그의 레슨은 명확하고 객관적이어서 이해하기 쉽고 실전에서 응용하기에도 좋다. 골프의 기본에서부터 빠른 그린에서의 칩샷 노하우와 파워 드라이버, 정확한 아이언샷 만들기 비법을 짚어 준다.

이 책은 'J골프'를 통해 방영되어 시청자들의 열광적인 사랑을 받은 〈전욱휴가 만난 월드 그레이트 티처〉를 정리하여 생생한 글과 사진으로 엮은 것이다. 이 책을 통해 세계적인 교습가의 골프 철학을 배우고 자신의 게임에 고수들의 노하우를 응용하다 보면 머지않아 크게 실력 향상을 이룰 수 있을 것이다.

지난 8년간 방송을 함께 진행해 오면서 늘 재치 있고 밝은 모습으로 도움을 많이 준 홍희선 프로에게 감사를 전한다. 8년 전 MBC-ESPN 골프 프로그램의 보조출연을 시작으로 많은 우여곡절 끝에 이제 국내 최고의 여성 지도자로 우뚝 선 모습이 자랑스럽다. 고수들에게서 전수받은 살아 있는 경험이 원동력이 되었으리라 생각한다. 실력 향상을 꾀하는 골퍼들에게 강조하고 싶은 것도 이것이다. 혼자서 의지만 가지고 골프를 독학하려고 고군분투하기보다 오랜 경험으로 효과적인 노하우를 축적한 골프 전문가들의 살아 있는 가르침을 기억한다면 보다 짧은 시간 안에 큰 실력 향상을 꾀할 수 있을 것이다. 이 책을 통해 여러분이 골퍼로서 한 단계 도약할 수 있기를 바란다.

전욱휴 PGA

CONTENTS

World Great Teachers **Part** *1*

데이비드 리드베터
David Leadbetter

World Great Teachers Part 2

짐 매클린
Jim Mclean

CONTENTS

World Great Teachers Part 3

밥 토스키
Bob Toski

World Great Teachers Part *4*

릭 스미스
Rick Smith

World Great Teachers Part 1

데이비드 리드베터
David Leadbetter

현대 골프 교습의 혁신가로 명성이 높다. 《골프 다이제스트》가 뽑은 미국 최고의 골프 교습가이며, 《골프 월드》가 선정한 20세기 10대 골프 지도자 중 한 사람이다. 미셸 위, 어니 엘스, 그레그 노먼, 닉 프라이스, 닉 팔도, 톰 왓슨, 찰스 하웰 3세 등 유명 프로 골퍼들이 그의 지도를 받았다.

01 퍼팅 실력자 되려면 손 말고 몸을 써라

싱글 핸디캡 골퍼를 위한 퍼팅 준비 자세 I

세계적인 골프 티칭 분야의 최고수 프로 골퍼들을 만나기 위해 '골프의 메카' 라는 미국 플로리다 주의 올랜도로 향했다.

가장 먼저 방문한 곳은 올랜도 시내에서 차로 10여 분 떨어진 챔피언 게이트이다. 2007년 《골프 다이제스트》가 발표한 티칭 분야 2위에 오른 데이비드 리드베터를 만나 그의 골프 철학을 들었다.

리드미컬하면서 논리적인 언변, 풍부한 경험을 담은 이야기들에

데이비드 리드베터(오른쪽)가 전욱휴·
홍희선 프로(왼쪽부터)에게 프로 골퍼들
의 기본 퍼팅에 대해서 설명하고 있다.

서 강한 인상을 받았다. 그가 말하는 골프의 철학이란, 그 자체가 팔
과 몸의 조화라는 것이었다.

그는 "골퍼의 스윙에 대한 이해는 단순히 손이나 팔을 많이 사용
하는 과정이라고 볼 수 있다. 하지만 몸이 어떻게 움직이느냐와 몸
이 어떻게 조화를 이룰지를 이해해야 한다"라고 말했다. 리드베터
의 말을 듣는 순간 필자는 앞으로 진행될 스윙을 비롯한 진반적인
가르침의 방향을 짐작할 수 있었다.

깊이 있는 답변을 듣기 위해 다양한 질문을 준비하였다. 초보 골
퍼에서부터 싱글 골퍼나 프로 골퍼까지 집중할 수 있도록 준비했
다. 첫 번째 질문은 프로 골퍼도 많은 관심을 갖는 퍼팅에 대한 내용
이었다. 프로 골퍼들이 퍼팅을 하기 위해서 어떤 준비를 어느 정도

해야 하는지, 톱클래스의 프로들을 가르치면서 느끼고 실천하는 비법을 듣고 싶었다.

"골프에서 퍼팅이란 게임 속의 게임"이라는 벤 호건의 말로 리드베터의 가르침이 시작됐다. 리드베터는 1m 퍼트나 250m 샷이나 스코어로 보면 같은 숫자일 뿐이라며 퍼팅의 중요성을 강조했다. 훌륭한 선수나 투어 프로들은 페어웨이와 해저드뿐 아니라 그린 주변에서도 훌륭한 경기를 하지만 진정한 승리자가 되려면 그린에서 승자가 되어야 한다는 것이다.

타이거 우즈는 중압감 속에서 정말 퍼팅을 잘하는 대표적인 선수다. 전성기의 잭 니클라우스도 강한 퍼팅을 보여 주었고, 그럴 때 그는 최고였다. 우리 주위에서 아마추어 골퍼들을 보면 퍼팅에 투자하는 시간이 절대적으로 부족하다. 그저 "오늘은 느낌이 좋고, 내일은 좋을 수도 있고, 어제는 무척 실망스러웠고…… 단순히 운일 뿐"이라고 생각한다.

하지만 퍼팅을 단지 운에 맡기기에는 골프에서 차지하는 비중이 너무 크고, 잘하기 위해서는 많은 투자가 필요하다. 퍼팅은 행운으로 만들어지지 않는다. 세계적인 퍼팅의 귀재들은 성실히 연습에 몰두한 골퍼다. 퍼팅을 잘하는 골퍼가 되고 싶다면 많은 시간을 투자하라. 시간과 노력의 투자만이 퍼팅의 완성을 이룰 수 있다.

고수들의 퍼팅을 보면 그 안에 참으로 다양한 기술이 녹아 있다. 그립도 다양하다. 하지만 골퍼에게 꼭 필요한 것은 공을 제대로 굴려 보낼 수 있는 적절한 스피드다. 적절한 스피드는 그린의 경사도를 느끼게 한다. 너무 느리면 경사도를 알아보기도 전에 흘러내리고, 너무 빠르면 경사에 따른 중력을 느끼기도 전에 공이 그린 위를 지나간다. 적절한 스피드만이 경사도를 정확히 반영한다.

훌륭한 퍼팅 스트로크를 가진 골퍼는 그린에서 공의 스피드를 온몸으로 느낄 수 있다. 그런 골퍼는 많지 않다. 배우기가 어려워서가

올바른 퍼팅 자세 만들기

❶ 먼저 바른 자세로 선다. 엉덩이를 뒤쪽으로 빼면서 상체를 곧은 상태로 숙인다.
❷ 하체의 긴장을 없애기 위해 양 무릎을 살짝 구부린다.
❸ 양팔이 어깨에 힘없이 매달려 있다는 느낌을 가진다.
❹ 그립을 취하기 전에 복부에 힘을 주어 자세를 잡는다. 힘을 준 복부를 중심으로 서서히 양팔을 어깨와 함께 시소처럼 위아래로 흔들어 본다.

짧은 거리에서의 퍼팅 모습 – 데이비드 리드베터가 매우 정교한 순서에 의해서 퍼팅 동작 시범을 보이고 있다.

퍼팅의 준비 과정 – 복부에 힘을 주고 양어깨로 큰 근육을 움직여 퍼팅 스트로크를 만들라고 데이비드 리드베터는 강조했다.

아니라 어떻게 해야 온몸으로 느낄 수 있는지 방법을 모르기 때문이다. 퍼팅을 잘하지 못하는 많은 골퍼는 대부분 퍼팅 스트로크가 일정하지 않고 손에 너무 의존한다.

리드베터는 퍼팅의 준비 자세를 자세히 설명하면서 골퍼가 뛰어난 퍼팅의 실력자가 되기 위해서는 손에 의지하지 말고 온몸을 사용하라고 강조했다. '온몸을 사용하라'는 말을 잘못 이해하면 큰 근육을 사용하라는 뜻으로 오해할 수 있다. 그러나 퍼팅은 작은 스윙이므로 몸이 움직일 정도로 근육을 사용할 필요는 없다.

풀스윙은 몸과 팔 그리고 손과 클럽을 사용하는데, 이 모두가 잘 조합되어야 좋은 결과를 얻는다. 퍼팅 역시 스윙의 느낌을 알 수 있도록 좋은 조합이 필요하다. 또한 일관되고 부드러운 템포가 좋은 퍼팅을 만든다. 부드러운 리듬감을 갖기 위해서는 단순히 손과 팔에 의존하지 말고 몸을 사용해야 한다는 것이다.

우리가 몸을 쓸 때, 처음에는 긴장 상태에서 부담을 갖지만 시간이 지나면 좋은 스트로크가 생긴다. 어린아이들이 퍼팅하는 모습은 매우 단순해 보인다. 그냥 홀을 보고 바로 쳐 버린다. 그런데 성공률이 높다. 골퍼들은 나이가 들수록 생각을 많이 하게 되는데, 그것이 문제의 시작이라고 주장하는 이들도 있다.

이러한 문제점을 해결하려면 어떻게 해야 할까. 먼저, 퍼팅을 준비할 때 편안한 어드레스 자세를 취하는 것이다. 편안함은 긴장에서 벗어나는 것을 말한다. 앞에서 제시한 '올바른 퍼팅 자세'를 참고하면 이러한 자세를 취할 수 있다.

결론적으로 리드베터는 정상적인 자세를 취한 뒤 복부에 힘을 주고 좌우·위아래로 움직여 보면 퍼팅을 하기 위한 완벽한 자세가 완성된다고 강조한다. 복부가 힘의 원천이라는 것이다. 그는 "이러한 자세에서는 긴장감 속에서도 놀라운 공의 방향성과 거리감을 지킬 수 있다"라고 말한다.

싱글 핸디캡 골퍼를 위한 퍼팅 준비 자세 Ⅱ

싱글 핸디캡 골퍼가 되는 과정에서 반드시 겪는 현상이 몇 가지 있다. 어느 날 퍼팅이 잘돼 바로 싱글 핸디캡 골퍼가 될 것 같았는데 잘 맞았던 아이언이 갑자기 엉망이 되는 일, 늘 자신 있었던 퍼팅이 엉망이 돼 오늘 게임은 정말 망쳤다고 불안해했는데 드라이버가 의외로 잘되는 일 등등. 많은 골퍼는 큰 기복 없이 게임 전반을 제대로 컨트롤할 수 있는 능력을 갖추기 위해 끊임없이 도전한다.

데이비드 리드베터가 좋은 퍼팅 스트로크를 만들기 위해서 오른손만을 이용한 퍼팅 연습법을 소개하고 있다.

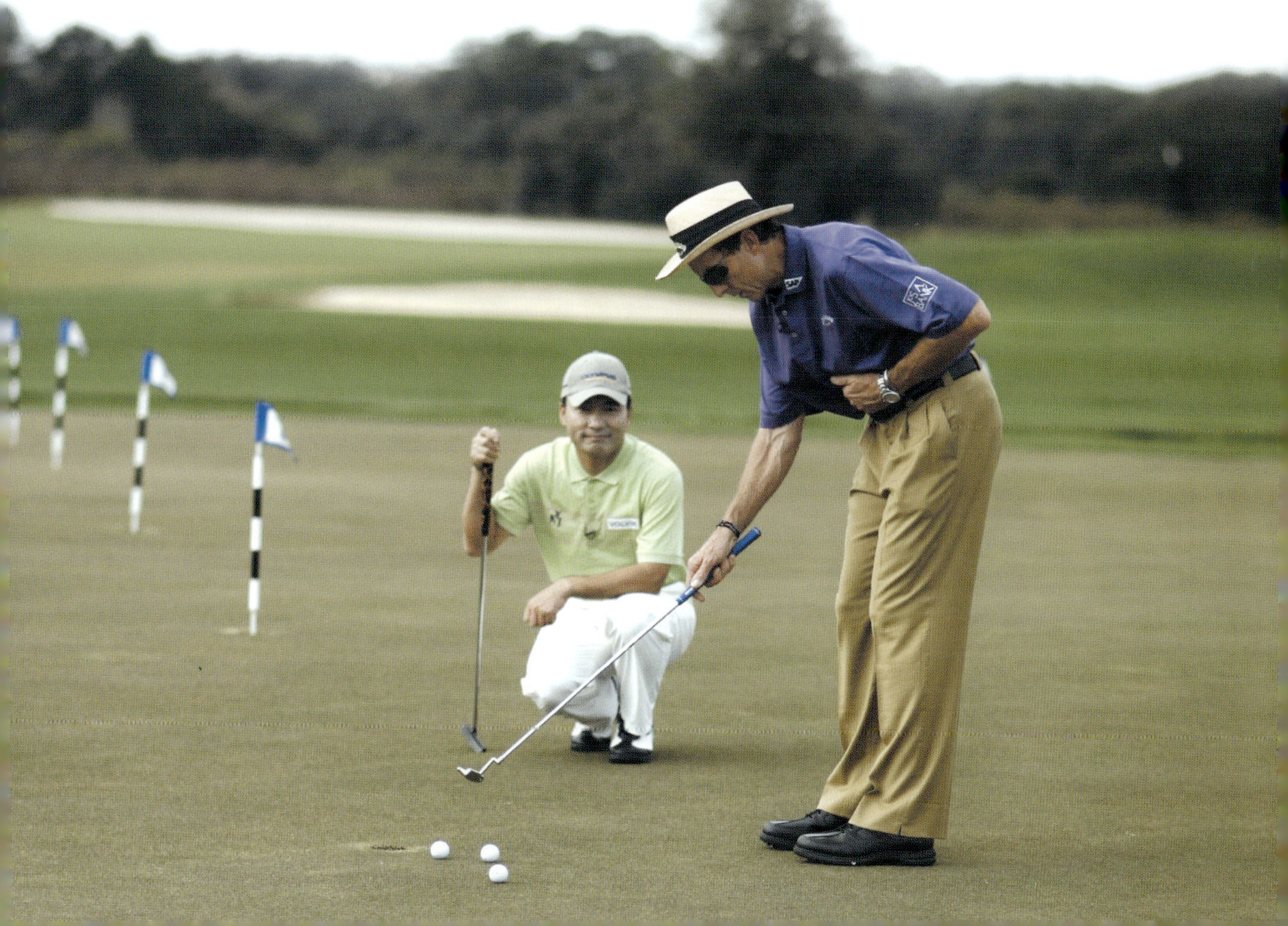

데이비드 리드베터는 퍼팅할 때 양팔이 몸에서 떨어지지 않도록 주의하라고 강조했다.

데이비드 리드베터와 함께 보낸 시간은 이러한 고민과 기복을 없애기 위한 퍼팅 정복의 시간이었다. 리드베터의 가르침은 세세했고 세계적인 골퍼들을 상대로 한 레슨 경험은 생동감으로 가득했다. 톰 왓슨(미국의 프로 골퍼. PGA 통산 39회 우승)이 퍼팅 때문에 고민할 때 리드베터는 지식을 일방적으로 전달하지 않는 대신 느낌을 묻는 식으로 문제를 찾아 나갔다고 한다.

"톰에게 '어렸을 때 어떤 느낌이 당신을 훌륭한 퍼터로 만들었는지에 대해 말해 보라'고 했죠. 그는 대답했습니다. '느낌이 매번 바뀌었다. 이렇게 그립을 잡았다가 저렇게도 잡고 또 이렇게 시 보기도 하고 좁게, 넓게, 좀 더 길게, 어떨 때는 그냥 기분에 따라서.' 톰은 가장 좋은 느낌을 찾으려고 노력한 겁니다. 맨 나중에는 그러한 일관성을 가지고 어떻게 볼을 굴리느냐는 문제로 넘어가는 법이거든요."

'퍼터의 제왕'이었던 벤 크렌쇼의 예도 들었다. 크렌쇼가 퍼팅하

느 순간에는 볼이 마치 홀컵에도 못 미칠 것 같아 보이는데, 뻗어 가는 그의 볼에는 언제나 힘이 넘쳤다는 것이다. 그래서 늘 볼은 보내고자 하는 거리만큼 굴러가게 된다는 것이었다. 일관성 있는 템포의 컨트롤만이 원하는 거리를 만들어 낸다는 뜻이다.

리드베터는 거리에 적응하기 위해 양팔을 좀 더 몸 쪽으로 가까이 당겨야 한다고 강조했다. 하지만 많은 아마추어 골퍼는 양팔이 몸에서 많이 떨어진다. 팔꿈치가 몸에서 떨어지면 쇼트퍼팅을 할 때 문제가 생긴다. 3야드 전후의 거리에서 퍼팅 성공률을 높이기 위해서는 양팔을 곧게 펴 스트로크를 해야 한다는 것이다.

리드베터는 "하지만 롱퍼팅인 경우 작은 스윙 동작처럼 해야 거리와 방향을 지킬 수 있다"고 말했다. 롱퍼팅을 할 때 퍼터 헤드의 움직임은 큰 원을 그리는 듯한 느낌을 준다는 것이다. 백스윙할 때 목표선상의 연장선보다 안쪽으로 진행되었다가 임팩트할 때 볼과

❶❷❸ 홍희선 프로의 연속 동작

홍희선 프로

－한국여자골프협회(KLPGA) 정회원.
－경희대 체육대학원 박사.
－전욱휴골프아카데미 부원장.
－J골프채널 '전욱휴의 World Great Teacher' 방송 진행.

직각으로 만나고 다시 안쪽으로 진행하는 작은 스윙 같은 동작이 돼야 한다고 강조했다.

　퍼팅 스트로크의 큰 연결 동작 과정에서 기억해야 할 것은 퍼터 헤드 면이 볼과 만나는 순간 정확히 90도 각도를 이루어야 한다는 것이다. 대부분의 골퍼는 임팩트하는 순간 성급한 마음에 시선이 홀쪽으로 향한다. 스윙을 촬영해 분석해 보면 양어깨 선이 목표 방향보다 왼쪽으로 향하는 경우가 많다. 당연히 클럽페이스가 목표보다 왼쪽으로 향하는데, 이것은 기술적인 문제라기보다 성급한 마음의 문제다. 왼쪽 귀가 소리로 확인할 수 있는 '1초의 여유' 가 좋은 결과를 만들 수 있다는 사실을 인식할 필요가 있다.

　퍼팅 스트로크가 좋은 것만으로 충분치 못할 때도 있다. 아주 좋은 스트로크를 했어도 실패하는 경우를 본다. 퍼터 페이스는 항상 볼과 직각으로 만나되 퍼터 헤드는 가속도의 느낌으로 진행돼야 좋

데이비드 리드베터는 퍼팅의 임팩트 순간에 퍼터의 헤드 면이 먼저 볼과 만나서는 안 된다고 강조했다. 퍼팅 시에도 양손이 먼저 이끄는 퍼팅 자세가 중요하다고 했다.

홍희선 프로의 안정감 있는 퍼팅의 피니시 자세. 양손이 먼저 진행되고 퍼터의 헤드가 임팩트되는 자세를 만들고 있다.

은 결과로 이어진다.

일관된 퍼팅 스트로크를 위해 다음 단계에서 중요한 것은 그립의 강도다. 손가락을 이용해 그립을 잡는 핑거스 그립은 그립 강도에 의해 리듬감을 얻는다. 이 부분을 설명하면서 리드베터는 자신이 잡고 있는 퍼터를 당겨 보라고 하였다. 자신이 결코 그립을 꽉 잡고 있지 않음을 보여 주기 위해서였다.

대다수 골퍼가 퍼팅할 때 긴장하면 자신도 모르게 그립을 강하게 잡는다. 손과 손목의 긴장을 풀어야 편안한 상태에서 퍼팅 스트로크를 할 수 있다. 리드베터는 보비 로크를 예로 들었다. 로크는 브리티시오픈을 네 번(1949, 1950, 1952, 1957년)이나 제패한 골퍼다. 로크의 퍼팅 비밀은 그립을 느슨하고 가볍게 잡는 것이었다.

좋은 퍼팅 스트로크를 만들기 위해 리드베터는 오른손만을 이용한 퍼팅 스트로크 연습법을 소개했다. 오른손만으로 하는 퍼팅 연습은 긴장을 풀어 주는 효과도 있다. 그립을 꽉 잡고서는 한 손으로 퍼팅을 하기 어렵기 때문이다. 첫 티샷을 하기 전에 연습 그린에서 해 볼 만한 훈련이다. 3m 지점에 10개 정도 볼을 놓고 오른손만으로 퍼팅 스트로크를 해 보면 거리감과 퍼팅감을 느끼게 되어 좋을 결과를 얻을 수 있다.

리드베터는 긴장을 풀고 편안한 상태의 퍼팅 스트로크를 하는 가운데 꼭 함께 해야 할 퍼팅의 템포를 강조했다. 마치 어린아이가 놀이터에서 그네를 타는 것처럼 자연스럽게 앞뒤로 스윙을 하면서 리듬의 중요성을 설명했다. "스윙의 자연스러운 리듬이 스트로크의 길이를 조절하게 하라"고 말했다.

쇼트퍼팅에서 '원-투, 원-투'의 템포로 조절하면 롱퍼팅에서도 자연스러운 템포를 얻게 된다는 사실을 설명한 것이다. 리드베터는 이러한 좋은 자세에서 볼이 왼쪽 눈의 아래쪽에 놓일 때 볼은 처음부터 멈출 때까지 살아 움직이는 느낌을 얻게 된다고 강조했다.

Player **TIP** 실전을 위한 좋은 퍼팅 자세

① 퍼팅 그립은 긴장감을 풀고 가볍고 느슨하게 한다.

② 오른손만 이용하는 퍼팅 연습은 좋은 퍼팅감을 얻게 해 준다.

③ 스윙의 리듬으로 원하는 거리를 조절한다.

④ 퍼팅 템포는 '원-투, 원-투'로 조절한다.

⑤ 퍼팅할 때 볼은 왼쪽 눈의 아래에 놓이도록 한다.

03 칩샷 하기 전, 먼저 치고 싶은 샷을 상상하라

● 거리 조절을 위한 칩샷

데이비드 리드베터로부터 칩샷에 대한 설명을 듣기 위해 아카데미 안에 있는 쇼트게임장으로 이동했다. 300야드 거리의 천연잔디 연습장 뒤편에 퍼팅과 칩샷 그리고 벙커샷 연습장이, 조금 떨어진

칩샷의 기본은 볼을 양발의 가운데에 두되 몸의 무게중심은 왼발에 두는 것이다. 지면으로부터 오른발을 들어서 체중을 왼발에 충분히 싣는다.

곳에 다양한 거리의 피치샷을 훈련할 수 있는 피치샷 구장이 있었다. 주변에는 파3 홀들이 자리 잡았다. 퍼팅 그린 주변은 다양한 종류의 칩샷을 할 수 있도록 경사도가 충분했고, 러프의 길이도 다양

Player TIP 실전을 위한 좋은 칩샷 자세

❶ 볼을 중앙에 놓고, 가슴은 왼쪽으로 오픈하며, 손의 위치는 볼보다 약간 앞에 둔다.
❷ 손목과 팔, 상체가 하나 된 느낌으로 스윙한다.
❸ 클럽이 그린을 스치는 좋은 소리를 기억하라.
❹ 양발 끝이 목표보다 왼쪽을 향하도록 오픈 스탠스를 취한다.
❺ 한 손으로 스윙하듯이 클럽을 자연스럽게 릴리스한다.

했다.

리드베터는 골퍼들이 취향에 따라 다양한 클럽을 사용한다고 말했다. 브리티시오픈에서 종종 볼 수 있듯 20야드 이상 거리의 그린 외곽에서 롱퍼팅을 시도하기도 하고, 하이브리드 클럽을 이용하기도 한다는 것이다. 좋은 칩샷을 위해서는 다양한 샷을 구사할 줄 알아야 하고 그래야만 실수(즉, 스코어)를 줄일 수 있는데, 무엇보다 기본 칩샷을 충분히 이해해야 응용력이 풍부해진다고 강조했다.

리드베터는 '칩샷의 시작은 샷을 하기 전에 원하는 샷을 머릿속에 그려 보는 일'이라고 말했다. 볼을 굴려 보낼지, 공중으로 붕 띄울지, 아니면 바운스를 시킬지 생각해 보고, 샷을 하는 곳이 내리막인지도 미리 판단해야 한다는 것이다.

그는 오거스타에서 경기를 하는 선수들의 칩샷을 예로 들었다. 오거스타가 처음인 선수들은 칩샷을 했을 때 예상치 못한 결과를 낳기도 한다는 것이다. 리드베터는 좋은 칩샷으로 볼을 홀 안으로 넣기 위해서는 목표점을 찾아야 한다고 강조한다. 한마디로 상상력이 중요하다는 것인데, 골프 역사상 위대한 쇼트게임 플레이어들은 샷 감각도 좋았지만 무엇보다 상상력이 풍부했다는 것이다.

원하는 샷을 마음에 두고 웨지를 이용해 볼을 홀 안에 넣기도 하고 클럽을 오픈해 샌드웨지를 만들 수도 있다. 64도 웨지로 벙커샷을 할 수도 있다. 상상력의 산물은 무궁무진하다. 일반적으로 칩샷은 '절반은 굴리는 것', 즉 50:50의 거리 비율로 처리한다. 어떤 경우에는 3분의 1은 볼을 띄워 보내고 3분의 2는 굴린다고 생각한다. 정말 중요한 것은 볼이 구를 것을 예상하고 쳐야 한다는 것이다.

리드베터는 요즘 젊은 선수들이 너무 로브웨지만 사용하는 경향이 있다고 지적했다. 박세리 선수도 마찬가지였다고 한다. 하지만 훈련을 통해 클럽 사용에 대한 이해도가 높아지면서 박세리 선수의

데이비드 리드베터가 기본 칩샷의 백스윙(사진 위)과 피니시(사진 아래)를 실제의 동작으로 시범을 보이고 있다.

데이비드 리드베터가 홍희선 프로에게 ❶기본 칩샷의 어드레스 자세, ❷기본 칩샷의 백스윙, ❸기본 칩샷의 피니시 자세를 직접 설명해 보이고 있다.

쇼트게임 능력은 월등히 향상되었다. 현대의 골프 코스는 매우 다양하게 설계됐기 때문에 상상력에 기초한 다양한 쇼트게임 능력이 필수다. 리드베터의 칩샷에 대한 설명은 계속됐다.

"가장 기본이 되는 것은 볼을 칠 때 살짝 아래로 쳐 주는 거죠. 아무도 볼이 공중으로 높이 뜨는 것을 원치 않으니까요. 먼저 자세를 잡을 때 볼을 스탠스에 가깝도록 하되 너무 가깝지는 않게 하세요. 볼은 양발의 중심에 놓고 앞발에 약간 무게중심을 둡니다. 제대로 무게를 실었나 확인하세요. 중요한 건 셔츠 단추가 볼보다 앞에 위치하도록 하는 겁니다."

리드베터의 설명대로 하자 샷이 홀 쪽으로 이동해 이미 홀인된 느낌이 들었다. 그가 강조하는 요점은 볼을 중간보다 약간 뒤쪽에 놓고 그립을 잡은 양손도 볼보다 약간 앞으로 나오도록 해야 정교한 칩샷의 임팩트로 이어질 수 있다는 것이었다. 즉, 볼은 가운데서 살짝 뒤쪽에 두고 가슴을 왼쪽으로 오픈하되 양손은 볼보다 약간 앞으로 나오게 하면 된다.

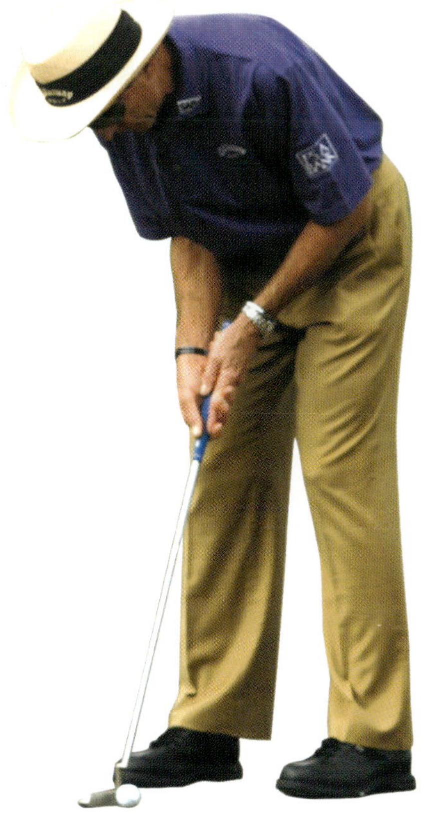

데이비드 리드베터는 마치 퍼팅하는 느낌으로 칩샷을 하라고 강조한다. 칩샷을 하는 동안 머리와 하체의 움직임을 최소화하는 것이 기본을 완성하는 길이다.

칩샷의 스윙은 아주 조금만 움직이는 스윙이다. 클럽을 뒤로 확 빼거나 인사이드로 진행하지 않고, 평평한 면 위에서 스윙하듯 해야 좋은 결과를 얻는다. 리드베터는 클럽과 몸이 하나가 되어 움직인다는 느낌으로 스윙하라고 말했다. 손목·팔·상체가 모두 하나가 되어 움직여야 한다는 것이다.

그린에서 칩샷을 했을 때 임팩트 순간의 잔디 소리를 들을 수 있어야 한다. 이 소리는 둔탁하지 않아야 한다. 클럽의 리딩 에지가 볼의 가운데 부분에 먼저 닿고 볼이 날아가면서 클럽은 앞쪽의 잔디에 닿는, 짧지만 투명한 소리다. 클럽이 그린을 스치는 좋은 소리를 기억해야 한다. 리드베터는 시범을 보이면서 마무리 팁을 주었다.

"약간 오픈된 자세로 스탠스를 취해 보세요. 그레그 노먼(호주의 프로 골퍼. 미국 PGA 투어 20회 우승, 각종 국제대회 66회 우승)이 말하기를 '오른손에 볼을 잡고 있다고 상상하라'고 했습니다. 오른손에 볼을 쥐고 던져 보면 실제로 샷을 할 때의 느낌을 받을 수 있죠."

04 20야드 오르막 그린에 52~54도 웨지 써라

 ## 내리막 경사에서 훅칩샷

전욱휴 프로가 내리막 경사에서 어떻게 하면 칩샷을 이용해서 볼을 홀 가까이 멈추게 할 수 있는지 데이비드 리드베터에게 질문하고 있다.

쇼트게임에서 기본 동작은 여러 가지로 중요한 의미가 있다. 기본 동작은 가장 기본적인 샷의 거리 조절과 방향성을 갖게 해 준다. 그리고 풍부한 응용 동작을 만들게 한다. 데이비드 리드베터와 기본 칩샷을 마친 뒤 응용 칩샷을 위해 장소를 옮겼다. 쇼트게임 훈련장은 기본 동작과 응용 동작을 함께 할 수 있도록 설계되었다. 그린 주변은 홀의 위치에 따라 다양한 기술 샷을 만들 수 있게 되어 있다. 좀 더 응용적이고 난이도 높은 칩샷에 대한 설명을 부탁하자 리드베터는 주위를 살피더니 클럽과 볼을 가지고 경사가 있는 곳으로 자리를 옮겼다.

칩샷을 하는 곳에서 그린까지는 내리막이었다. 핀은 그린의 오르막에 꽂혀 있었다. 홀까지의 거리는 20야드였다. 눈으로 보기에도 볼은 내리막으로 향하다가 다시 오르막 그린을 향해 굴려 보내야 할 상황이었다. 리드베터의 설명이 이어졌다.

"훌륭한 쇼트게임은 다양한 샷을 필요로 합니다. 무엇보다 중요한 것은 상상력과 창의력입니다. 각각의 상황에 적합한 샷을 구사

데이비드 리드베터가 내리막 경사에서도 칩샷을 이용해서 볼을 세울 수 있는 훅칩샷에 대해서 시범을 보이고 있다. ❶은 훅칩샷의 백스윙의 모습, ❷는 훅칩샷의 임팩트의 순간, ❸은 임팩트 이후에 클럽페이스가 닫혀 가는 모습, ❹는 짧고 간결하게 클럽의 진행이 멈추어진 피니시의 모습이다.

할 수 있어야지요. 충분한 연습
또한 필수입니다."

닉 팔도와 함께 연습했던 상
황도 설명했다. 커다란 볼 가방
을 그린 주변에 풀어 놓은 다음
상황에 맞도록 연습했다고 했
다. 한 개의 클럽만으로 상황에
맞게 연습하는 것은 어렵다는
것을 강조했다. 요즘 선수들은
로브웨지(60도)만을 가지고 모든
상황에 적용하려는 경향이 강하
다고 했다. 나쁜 것은 아니지만,
정말 쇼트게임의 달인이 되기
위해서는 다양한 클럽을 가지고

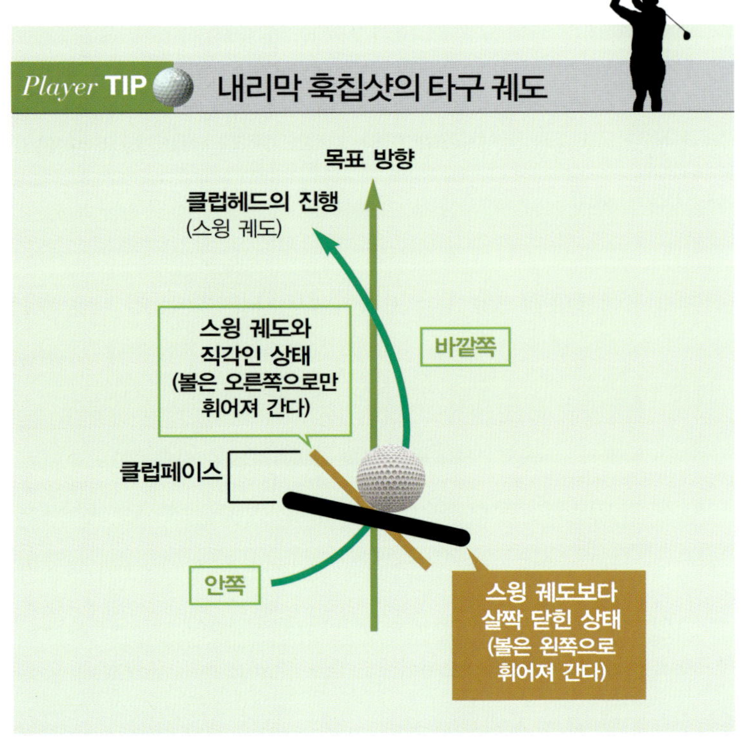

연습해야 다양한 응용 샷을 만들 수 있다는 이야기였다.

"내리막에서 샷을 할 때는 볼의 속도가 빠르겠다는 것을 인식해
야 합니다. 그래야 볼이 오르막을 타고 홀 쪽으로 향할 수 있지요.우
리가 시도하려는 것은 볼이 프린지 부분을 통해 오르막에 놓인 홀
까지 가도록 하는 것입니다."

그는 어떠한 샷이든 위험 부담을 줄이면서 안전하게 성공시키는
것이 중요하다고 말했다. 즉, 성공률이 높은 샷을 택하는 것이 기본
이라는 것이다. 리드베터는 "이와 같은 상황에서는 갭웨지(52~54도)
를 사용하라"고 했다.

어니 엘스(남아프리카공화국 출신의 프로 골퍼. PGA 통산 12회 우승)
는 54도 웨지로 높은 성공률을 보이는데, 볼을 부드럽게 다뤄 그린
주변에서 홀을 향해 공략할 때 자주 사용한다고 했다. 60도 웨지는
스핀 양이 많고, 탄도도 높기 때문에 오르막 그린에서는 사용을 자

제해야 한다는 것이다.

"자, 제가 짧은 샷을 시도해 보겠어요. 짧게 쳐 볼을 프린지에 놓이게 한 후 굴려서 홀 쪽으로 들어가도록 하겠습니다. 그러면 훨씬 편안하게 경기할 수 있겠지요."

리드베터의 설명에 따르면 내리막 경사의 칩샷을 할 때 프린지 부분은 볼이 최초로 떨어지는 지점이면서 완충작용을 하는 곳이다. 리드베터는 홀의 공략 지점을 향해 살짝 닫힌 자세를 취했다. 볼의 위치는 중심보다 약간 오른쪽에 두었다. 즉, 내리막에서 샷을 할 때 볼이 지면의 중심보다 높은 쪽에 있도록 하는 원리를 택했다.

"자, 제가 지금 훅볼을 이용해 칩샷을 시도해 보겠어요. 만약 볼에 측면 스핀을 넣으면 마치 탁구공처럼 움직이겠지요. 볼이 갑자기 정지하는 대신에 프린지에 도달해 약간 완충작용을 거치면서 그린 쪽으로 구를 겁니다. 우리가 할 일은 임팩트 순간 클럽페이스가 약간 닫히게 하는 것입니다. 그렇게 되면 볼은 그린에서도 오르막

데이비드 리드베터는 골퍼들에게 훅칩샷의 동작을 좀 더 쉽게 이해시키기 위해서 오른손만을 이용해 볼을 던졌다. 이러한 연속 동작에서 오른손의 움직임을 자세히 살펴봐야 한다고 했다.

04

을 향해 홀 쪽으로 구르게 되지요.”

리드베터는 실전에서 꼭 필요한 부가적인 동작도 설명했다. 긴장을 풀어야 하고 스트로크의 리듬을 위해서 서너 번의 연습 동작을 해야 한다고 강조했다. 원하는 샷을 머릿속에 그리고 클럽페이스를 살짝 닫아야 한다는 것이다. 약간 안에서 바깥쪽으로 클럽헤드가 진행되도록 스윙 궤도를 만들어야 한다고 했다.

리드베터의 샷을 확인했다. 내리막 경사에서 앞모습은 양손이 왼쪽 허벅지에 놓여 있었다. 상대적으로 클럽은 중심보다 더 오른쪽에 놓였다. 클럽의 샤프트는 왼쪽으로 기울어져 로프트각을 더 세워 놓았다. 볼을 굴려 보내기에 충분해 보였다. 샷 동작은 긴장감 없이 편한 상태에서 부드럽게 이어졌다. 매우 부드러운 샷이 홀 쪽으로 살아 가는 듯했다.

스윙 궤도에 비밀이 있었다. 클럽헤드가 궤도의 안쪽에서 바깥쪽으로 빠져나가면서 볼을 감아 주었다. 그린에 도달하기 전에 프린지 부분에 닿아 속도가 줄었다. 그러나 볼은 그린에 도달하자 측면 스핀이 되살아나 오르막에 위치한 홀 쪽으로 충분히 굴러갔다.

이번에 연습한 칩샷은 상황에 맞게 즉석에서 만들어진 응용 샷이었다. 차분히 상황을 살피고 상상력을 동원하면 다양한 응용 샷도 만들 수 있다는 결론을 얻었다. 하지만 이러한 응용 동작은 기본 칩샷의 동작을 충분히 소화해야만 가능하다는 것을 명심하라.

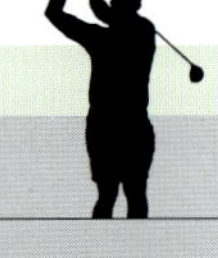

Player TIP

오르막 그린을 공략하는 내리막 라이에서의 훅칩샷

❶ 프린지에 도달한 볼이 오르막 경사에서 살아 올라가도록 해야 한다(몸의 정렬 선을 목표보다 닫아 놓고 클럽페이스를 살짝 닫는다).

❷ 훅샷으로 볼이 최초로 프린지에 도달하는 낙하지점을 정한다(볼이 그린에 직접 떨어지면 거리 조절이 어렵다. 완충 작용을 위해 프린지 지점이 적합).

❸ 훅샷이 발생하도록 임팩트 순간 양손으로 감아 준다(임팩트 순간 클럽헤드의 토 부분이 목표 쪽으로 향하도록 오른손을 왼손 위로 감아 준다).

홍희선 프로가 훅칩샷을 시도하는 모습. 약간의 내리막 경사가 있는 그린의 홀 주변에 볼이 모여 있다.

데이비드 리드베터가 레슨에 참가하는 홍희선 프로에게 훅칩샷에 대해서 자세한 동작을 지도하고 있다.

05 15야드 거리 거친 러프, 58도 웨지로 벙커샷

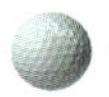

짧게 띄워 치는 플립샷(Flip Shot)

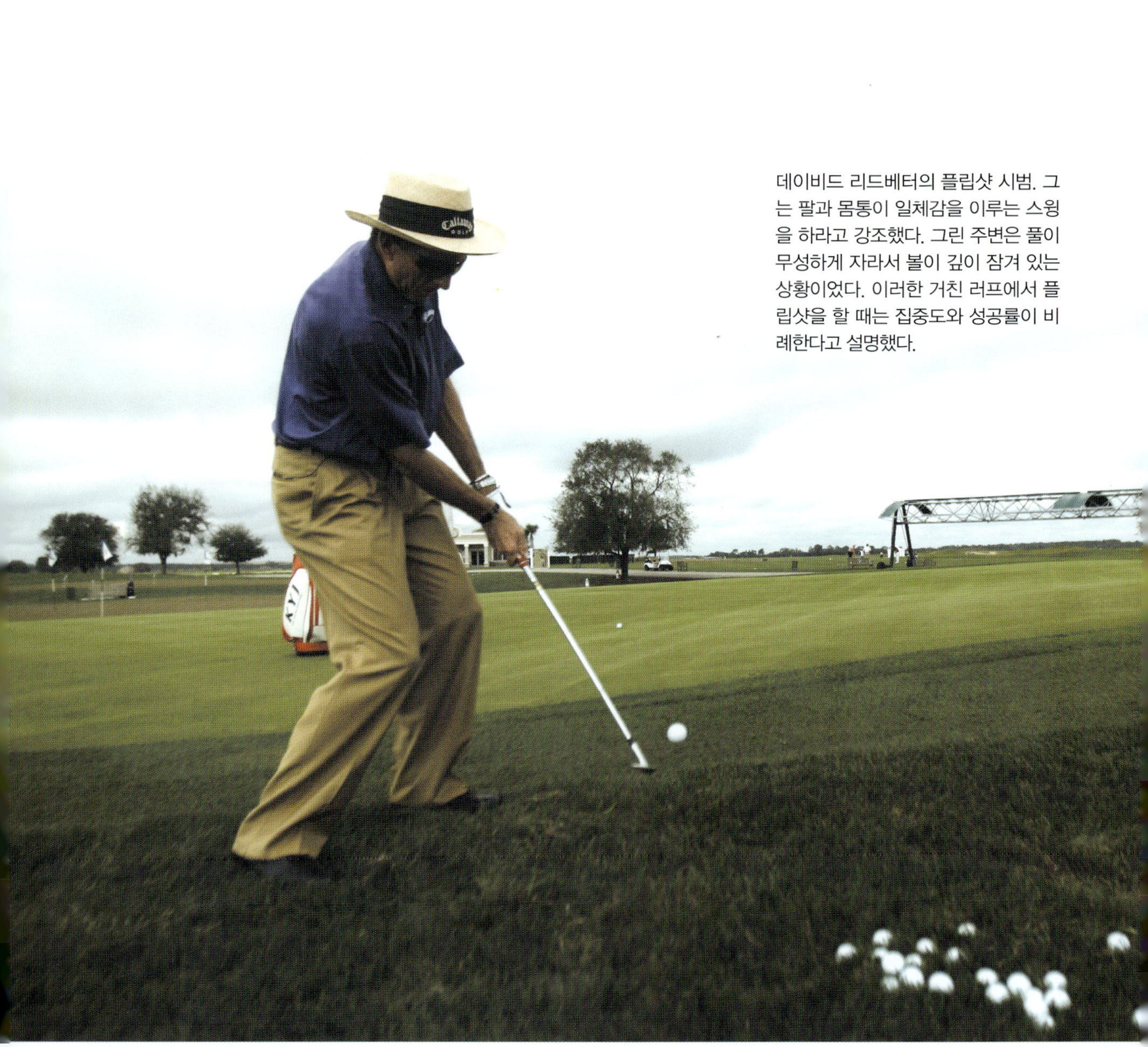

데이비드 리드베터의 플립샷 시범. 그는 팔과 몸통이 일체감을 이루는 스윙을 하라고 강조했다. 그린 주변은 풀이 무성하게 자라서 볼이 깊이 잠겨 있는 상황이었다. 이러한 거친 러프에서 플립샷을 할 때는 집중도와 성공률이 비례한다고 설명했다.

여름철에는 러프가 무성하게 자란다. 장마철의 그린 주변 러프는 가장 강하고 볼이 들어가면 찾기조차 어렵다. 홀까지의 거리가 짧고 그린 역시 빠르고 단단한 상황이라면 많은 고민을 하게 된다. 칩 샷 중에서도 가장 어려운 샷을 해야 한다.

데이비드 리드베터와 함께 옮겨 간 그린 주변은 제시한 상황과 일치했다. 10cm 이상 자란 러프, 거기다 핀까지 거리가 15야드 이내로 짧은 지점에 볼이 놓였다. 상상력과 응용력이 필요했다.

대개의 보기 플레이 골퍼들은 샌드웨지(56도)로 칠 것이다. 그럴 경우 볼은 그린 위에서 멈추지 않고 그린 밖으로 흘러 나간다. 싱글 골퍼들은 볼을 띄우기 위해 클럽을 열고 칠 가능성이 크다. 하지만 러프의 저항 때문에 몸이 움직이고, 방향과 거리가 정확하지 않게 될 것이다.

리드베터는 클럽의 선택부터 언급했다. 주로 58도 또는 60도 웨지를 사용해야 한다고 했다. 볼이 러프에 놓인 경우 일반적인 방법으로 쳐 내기 어렵기 때문이다. 깔끔하게 볼을 쳐 내야 하고 러프와

플립샷 연속 동작

어드레스 자세에서 손목을 일찍 꺾어서 톱 동작을 만들었다. 다운스윙은 매우 가파르게 진행되었다.

플립샷(Flip Shot)

주로 웨지를 사용하는 샷인데, 손목을 많이 사용하며 볼을 짧고 높게 치는 샷이다.

플롭샷(Flop Shot)

플립샷과 비슷하지만 길고 느리게 스윙하는 점이 다르다(필 미켈슨이 가장 많이 사용하는 샷이다).

플립샷은 임팩트 순간으로 모든 것을 설명할 수 있다. 데이비드 리드베터가 임팩트 순간을 시범 보였다. 임팩트 직후 클럽헤드는 여전히 잔디 속으로 파고든다. 볼은 클럽페이스의 로프트보다 더 높은 탄도로 떠오르고 있다.

클럽페이스의 접촉 등을 고려해야 응용 동작을 만들 수 있기 때문이다.

"여기서 주의해야 할 점은 그린이 매우 빠르고 단단하다는 것입니다. 러프가 짧고 부드러운 경우에는 크게 문제될 것이 없겠지요. 하지만 이와 같이 거친 러프에서의 샷은 벙커샷의 원리를 생각해야 해요. 단순한 벙커샷이 아닌 응용 동작의 벙커샷을 필요로 합니다. 힘찬 임팩트도 필요합니다. 클럽페이스를 열고 백스윙할 때 클럽을 일찍 들어 올리면 클럽이 러프에 바운스되어 볼을 멀리 보내게 됩니다."

리드베터는 이러한 샷을 실전에서 사용하려면 가급적 충분히 연습한 뒤에 해야 한다고 강조했다. 쇼트게임의 역사를 거슬러 올라가 보면 세계적인 유명 선수들의 이름이 거론되는데, 이들 대부분이 모든 벙커 상황이나 거친 러프에서 흥미롭게 샷을 연습했다는

Player **TIP**

풀이 무성한 러프에서 짧게 띄워 치는 플립샷

❶ 스탠스를 넓게 취한다. 클럽헤드가 볼 아래 러프에 오도록 한다.
❷ 목표 방향과 평행선이 되도록 정렬한다.
❸ 임팩트 시 클럽페이스를 오픈해 임팩트를 만든다.
❹ 클럽헤드의 스피드는 상체를 이용해 만든다.

플립샷 실수 동작 대부분의 골퍼들이 플립샷을 시도할 때 자주 실수하는 모습을 데이비드 리드베터가 연속 동작으로 설명해 보이고 있다. 임팩트 직후에 상체가 살짝만 들려도 볼은 러프를 충분히 빠져나오지 못한다. 볼은 낮게 날아가다가 바로 짧게 떨어졌다. 플립샷을 할 때는 피니시 동작 때까지 절대로 일어나서는 안 된다는 교훈을 주었다.

플립샷 성공을 위한 기본 자세

데이비드 리드베터가 기본 준비 과정과 임팩트 순간의 클럽페이스 위치를 설명하고 있다.

❶ 기본 자세에서 하체는 스탠스를 넓게 서서 안정감을 만들어야 된다고 설명하고 있다. ❷ 클럽페이스를 충분히 열어서 그립을 잡는다. ❸ 임팩트 순간에 리딩웨지 부분이 볼 밑으로 파고드는 모습.

것이다.

그는 자신의 동작을 통해 시범을 보이면서 설명을 시작했다.

"자, 여기서 짧은 샷을 한번 쳐 볼게요. 먼저 스탠스를 넓게 잡으세요. 벙커샷과 마찬가지로 클럽페이스를 오픈하세요. 그리고 원을 그리면서 스윙해 보세요."

리드베터는 클럽페이스가 볼 아래 잔디로 들어갈 수 있도록 각도를 유지하라고 말했다. 손의 움직임도 자제하라는 것과 상체만 움직이는 동작도 강조했다. 하체를 고정시켜야 실수를 줄일 수 있으며, 손만 움직이는 동작은 피해야 한다고 설명했다.

손만 움직이면 가벼운 느낌을 갖게 되고 러프에서는 실수를 할

수 있기 때문에 상체의 동작이 중요하다는 것이다. 스탠스를 넓게 취하고 클럽헤드를 볼 아래 러프 밑에 오도록 한다.

몸의 정렬선의 차이점도 설명했다. 짧게 띄워 치는 벙커샷에서는 몸의 정렬을 열어야 하지만 러프에서 띄워 치는 플립샷은 다르다는 것이다. 양발 끝선을 목표 방향과 평행이 되도록 취하라고 했다. 이렇게 하는 이유는 클럽헤드의 신행이 스윙 궤도와 연관되기 때문이다.

"스탠스의 폭을 넓게 잡고 무릎을 고정시키세요. 그립을 내려 잡고 클럽을 안쪽으로 가져가세요. 이때 클럽페이스를 열어 주어야 합니다. 클럽페이스가 닫혀 있으면 볼이 어디로 튈지 알 수 없어요."

아울러 클럽헤드의 궤도가 인사이드에서 다시 인사이드로 약간의 컷스윙이 되도록 하라고 말했다. 그러면 임팩트할 때 클럽페이

데이비드 리드베터가 지켜보는 가운데 홍희선 프로가 멋진 플립샷을 시범 보이고 있다. ❶ 임팩트 직후의 모습. ❷ 피니시 자세에서 볼이 아주 높게 떠오르고 있다. 이 동작에서 가장 눈여겨볼 동작은 홍희선 프로의 시선이다. 몸의 움직임을 최소화시키면서 간결한 동작이 높은 탄도를 만들어 내는 플립샷이라고 볼 수 있다.

전욱휴 프로의 플립샷 노하우!

많은 골퍼들을 대상으로 교육하면서 공통적으로 경험하는 것이 있다. 특정한 상황에서 만들어지는 기술샷은 시도조차 하지 않고 포기하는 경우다. 하지만 특수 상황의 기술샷은 기초부터 차근차근 시도해 보면 놀라운 경험을 하게 된다. 플립샷에 임할 때도 차분히 기본에서 출발하면 좋은 결과를 얻게 된다.

스가 오픈되어 컷으로 스윙되면서 스핀량을 늘린다.

마음속에 이미지를 그리고 연습 스윙을 몇 번이고 해 보는 것이 중요했다. 리드베터는 제대로 임팩트됐을 때 클럽헤드가 러프와 볼에 닿는 소리를 들어 보아야 한다고 했다. 간결하면서도 무게감 있는 소리여야 하며 비결은 볼이 아니라 잔디를 치는 것이라고 강조했다.

중요한 팁이 하나 있었다. 팔과 몸통이 일체감을 이뤄 움직여야 한다는 것이다. 리드베터는 '몸통 릴리스'를 강조했다.

잔디가 볼을 잡아당기고 있기 때문에 헤드의 스피드가 중요하다는 것이다. 스피드가 없으면 볼을 러프에서 나오게 할 수 없기 때문이다. 목을 고정시키고 몸을 이용해 진행하는 스윙 동작을 강조했다.

'클럽헤드의 스피드는 상체를 이용해 만들어라.'

사실 위와 같은 샷은 주로 전문가들이 구사하는 샷이다. 하지만 쇼트게임이란 아이디어를 얻어 가는 게임이기 때문에 보기 플레이어도 충분히 할 수 있다. 샷을 하는 스윙 과정을 이해하고 기본 자세를 취하면 된다. 자신감을 가지고 몸의 리듬을 타는 것이 중요하다.

짧은 거리의 벙커샷도
긴 백스윙으로 리듬 유지하라

짧은 거리의 벙커샷

초보 골퍼들에게 벙커샷은 공포의 대상이다. 벙커샷에는 심리적인 요소가 작용한다. 싱글 핸디캡 골퍼에게 벙커샷은 두려움의 대상이 아니다. 프로 골퍼들은 의도적으로 벙커샷을 택하는 경우도 있다. 이번 시간에는 데이비드 리드베터와 함께 벙커샷의 기본에서

리드베터는 벙커샷을 할 때 바운스가 큰 웨지를 사용하고, 클럽페이스는 오픈하라고 강조했다.

벙커샷의 임팩트 순간에는 샌드웨지의 리딩웨지가 아니라 바운스가 모래에 먼저 닿게 된다고 데이비드 리드베터는 강조한다.

응용까지 알아보도록 한다.

리드베터는 벙커의 기본 상황부터 설명해 나갔다. 일반적으로 모래가 부드러울수록 많은 바운스가 생기고, 단단할수록 바운스는 줄어든다는 것이다. 벙커샷을 하기 위해 샌드웨지의 선택 요령을 이해시켰다. 즉, 바운스가 큰 웨지를 사용하면 웨지 클럽이 모래를 깊숙이 파고드는 것을 방지할 수 있다는 것이다. 따라서 볼의 라이가 나쁘거나 비 오는 날, 그리고 벙커가 매우 단단한 날에는 바운스가 낮은 클럽을 사용해야 한다고 했다.

1) 벙커샷을 할 때 모래를 얕게 쳐 내는 기분이 들도록 하라

벙커샷을 할 때는 볼 뒤 약 6㎝ 정도를 치라고 강조했다. 명심해야 할 것은 클럽이 볼과 클럽페이스에 대해 얕은 앵글로 스윙이 되도록 해야 한다는 것이다. 대부분의 벙커샷은 볼의 라이가 나쁘기 때문에 페이스가 항상 열려 있는 상태에서 치는 것이 중요하다.

짧은 거리 벙커샷 준비 과정에서의 샷 동작

❶ 가장 먼저 그립을 2~3cm 짧게 내려 잡는다. ❷ 백스윙 초기에 클럽을 발끝 선을 따라서 뒤쪽으로 가져간다.
❸ 클럽의 샤프트를 정확히 뒤쪽으로 가져간다. ❹ 볼을 짧게 높이 띄우기 위해서 클럽의 샤프트를 가파르게 가져간다.

2) 클럽페이스가 오픈된 상태로 샷을 하라

벙커에서 홀까지의 거리가 짧은 경우는 그린에 공간의 여유가 없는 상태다. 이런 경우 오픈 스탠스를 취해야 한다. 약 30도 정도 목표보다 왼쪽을 향해야 한다.

3) 짧은 거리에서는 30도 정도 오픈 스탠스를 취한다

스탠스를 지나치게 오픈하는 사람이 많다. 그러면 클럽이 너무 심하게 아웃사이드로부터 교차해 들어오게 된다. 결과적으로 부드러운 상태가 되어 볼의 거리를 원하는 만큼 만들어 낼 수 없다. 리드베터는 골퍼들의 문제점을 지적했다. 벙커샷을 할 때 왼쪽 다리가 너무 많이 움직이고 왼쪽 무릎이 너무 돌아간다고 했다. 안정적인 밸런스를 위해 양발은 모래에 견고하게 묻는 것을 잊지 말라는 것이다.

오른손만 이용한 연습 방법

데이비드 리드베터는 오른손만을 가지고 벙커샷을 연습해 보면 클럽헤드가 벙커에 닿는 순간의 느낌을 실제적으로 예민하게 느낄 수 있다고 했다.

4) 벙커에 발이 묻힌 길이만큼 클럽을 아래로 내려 잡는다

"제가 기회 있을 때마다 강조하는 것이 있어요. 마음속으로 그림을 그리는 것입니다. 벙커에서 몸의 정렬을 따라 클럽을 가져가고 클럽이 타깃 라인을 향해 내려올 때를 그려 보는 거예요."

리드베터는 자신의 클럽페이스도 많이 오픈되어 있는 것을 보여 주었다. 벙커샷을 어렵다고 느끼는 골퍼들은 클럽페이스를 스퀘어 상태로 놓는 경향이 있다고 했다.

5) 폴로(follow) 시 클럽페이스를 항상 열어 시선과 마주 보도록 한다

기본적인 자세를 설명한 후에 동작에서 나타나는 문제점을 설명하기 시작했다. 푹신푹신하고 부드러운 모래의 경우에는 짧은 거리의 벙커샷이 어렵다는 것이다. 클럽이 모래에 파고들지 못하기 때문이다. 모래를 얇게 떠낸다는 생각으로 벙커샷을 하라고 강조했다.

"크고 깊은 디봇은 좋지 않아요. 얇은 디봇을 파는 게 좋아요. 타깃 라인과 보디라인을 정합니다. 약 30도 정도 오픈 스탠스를 취하는 것이지요. 그리고 발이 약간 모래를 묻히도록 하지요. 무릎을 약간 굽히세요. 페이스를 오픈하고요. 발을 약간만 벌리세요. 오른손은 좀 더 위쪽을 잡고요. 발과 일직선상으로 백스윙을 하는 것이 비결이에요. 볼의 위치는 좀 더 앞쪽에 놓도록 하세요. 양손이 볼보다 너무 목표 쪽으로 기울지 않도록 하세요. 마지막으로 당부하고 싶은 것이 있어요. 대부분 짧은 거리 벙커샷을 할 때에 백스윙이 너무 작

홀까지의 짧은 거리에서 데이비드 리드베터가 직접 샷을 하고 있다. ❶ 톱에서의 모습. ❷ 임팩트 직후의 모습. ❸ 피니시의 모습. 전체적인 스윙은 간결한 것이 특징이다. 임팩트 이후에 양손을 살짝 당겨 가면서 높지 않은 피니시 자세를 만들고 있다.

아요. 이렇게 되면 스윙의 리듬이 어려워집니다. 좀 더 긴 백스윙이
좋습니다."

6) 짧은 벙커샷에서 백스윙을 정상으로 가져가야 리듬을 유지할 수 있다

벙커샷에서 좋은 훈련 방법은 좋은 소리를 기억하고 그 느낌을 다
시 한 번 갖도록 하는 것이라고 설명했다. 그리고 거리가 있는 긴 벙
커샷의 경우 56도가 아닌 52도를 사용하는 것이 쉽다는 것이다. 물
론 피니시를 크게 가져가는 것은 필수다.

Player TIP 7번 아이언을 이용한 벙커샷 연습법

7번 아이언을 가지고 벙커샷을 연습한다는 것을 상상하기 힘들다. 하지만 그린 주변의 벙커샷을 마치 페
어웨이 벙커샷처럼 모래샷을 쳐 보자는 것이었다. 클럽페이스만 오픈해 샷을 해 보면 강한 자신감을 얻을
수 있다. 마지막으로 강조한 것은 벙커샷은 한곳에서 30분 이상 연습해서는 안 된다는 것이다. 30분 이상
연습할 경우 벙커에서의 스윙이 몸에 배어 풀스윙에 영향을 미칠 수 있기 때문이다.

07 닉 프라이스, 오거스타 정복 비결은 피치샷

● 회전 동작을 이용한 피치샷

피치샷을 잘해야 스코어를 줄일 수 있다. 피치샷은 대부분 100야드 이내에서 이뤄지는 가장 정교한 샷이기 때문이다. 파5 홀이라면 세 번째 샷이 피치샷이 된다. 정교한 피치샷은 파 또는 버디까지 연결해 갈 수 있다. 피치샷의 연습은 훈련장의 환경에 의해서도 크게 좌우된다. 데이비드 리드베터 아카데미에서 가장 부러웠던 것도 피치샷 장소였다. 100야드 이내에서 다양하게 거리 공략을 할 수 있도록 준비돼 있었다.

리드베터는 "피치샷은 매우 단순해 보이지만 가장 많이 연습해야
한다"고 말했다. 클럽은 48도와 52도를 많이 사용하라고 했다. 거리
감각을 얻을 때까지 충분한 연습이 필요하기 때문이다.

1) 몸의 스피드로 스윙 폭과 거리를 조절한다

"사람들은 손과 손목, 무릎을 너무 많이 사용하는 경향이 있어요.
그러면 일관성 있는 좋은 샷을 하기 힘들어지죠. 피치샷은 컨트롤
스윙이라고 볼 수 있습니다. 내 몸이 스피드를 조절하는 거죠. 방법
은 아주 간단해요. 여러분이 좀 더 길게 친다면 몸의 회전을 이용해
스피드를 높일 수 있고, 반대로 짧게 친다면 스피드를 낮추는 거죠.
그리고 스피드를 낮추게 되면 스윙도 짧아집니다. 당연히 스피드를
올리면 스윙이 좀 길어지겠죠. 하지만 정말 명심할 점은 몸통의 회
전을 통해 속도를 내고 항상 좋은 리듬을 가져야 한다는 것입니다."

❶ ❷ 데이비드 리드베터의 피치샷 동작 설명. 그는 몸의 스피드를 통해서 스윙 폭과 거리를 조절해야 한다고 강조한다.
❸ 피치샷 임팩트 순간.

데이비드 리드베터가 피치샷의
기본 동작을 설명하고 있다.

2) 팔과 몸이 함께 움직이는 부드러운 스윙으로 볼의 스핀과 탄도를 조절한다

볼을 칠 때 클럽페이스의 위치가 바뀔 수도 있고 힘이 너무 많이 들어갈 수도 있다. 리드베터는 선수들이 얇게 치는 것을 좋아한다. 웨지를 사용해 크고 깊게 치는 건 선호하지 않는다. 스핀이나 탄도를 제대로 조절할 수 없기 때문이다. 팔과 몸이 함께 움직이는 매끄러운 스윙이 중요하다.

3) 발과 엉덩이를 오픈하고 어깨는 평행하게 유지한다

매우 짧은 샷을 한다면 더 낮게 그립을 잡아야 한다. 그립을 짧게 잡으면 거리와 방향을 컨트롤하기 쉽다. 스탠스를 약간 오픈하고 샷을 하면 훨씬 더 자연스러운 샷을 할 수 있다. 단, 발과 엉덩이만 오픈시키고, 어깨는 목표 방향과 스퀘어를 유지해야 한다.

4) 무게중심을 왼발에 두고 몸의 중앙 아래에 볼을 놓는다

스탠스를 오픈하고, 모든 신체 부분을 오픈하면 클럽이 아웃사이

드를 향한다. 어깨를 직각으로 유지하고 무게중심을 앞발에 둔다. 무릎을 살짝 굽히고, 그다음 볼을 아래로 쳐 내야 한다.

리드베터는 피치샷은 하나의 작은 스윙이므로 클럽페이스를 오픈한 상태에서 회전하라고 말했다. 페이스를 오픈하면 더 쉽게 클럽페이스를 회전시킬 수 있다고 했다. 또한 앵글의 중요성을 설명했다. 다이내믹하진 않지만 팔과 다리가 하나로 움직이게 자연스러운 스윙을 하라는 말이었다. 손을 너무 많이 움직이지 않도록 하고, 클럽과 일체가 되도록 몸을 움직이는 것이 관건이라고 강조했다.

정말 훌륭한 선수들은 일단 스윙 감각이 좋아지면 피치샷을 연습한다고 한다. 리드베터는 "골프는 결국 점수 따기 게임이기 때문에 최종 점수가 중요하나"고 했다. "볼은 굉장히 잘 쳤는데 스코어가 75"라고 말하는 편보다 "롱게임은 잘 못했지만 쇼트게임은 잘했고, 퍼팅이 훌륭해 스코어는 68"이라는 말을 듣는 게 더 좋다고 했다.

"젊은 선수들은 물론이고 닉 프라이스 같은 훌륭한 선수들도 마찬가지죠. 저는 닉과 오랫동안 호흡을 맞추었는데, 닉도 이 연습을 상당히 싫어했어요. 보통 15분 정도 연습하고 나서 이제 됐다 싶으면 그가 좋아하는 풀샷 연습에 몰두했죠. 그가 그린과 페어웨이에서 좀처럼 실수하지 않은 게 다행이었죠. 그에 얽힌 일화가 생각나는군요. 그가 피칭 연습이 필요했던 신인 시절, 마스터스 대회에 참가하기 전에 말이죠, 아마 1980년대였을 겁니다. 그는 오거스타에서 63타라는 코스 기록을 세웠습니다. 그 뒤로 마스터스에서 63타 이하로 친 적이 없었지요. 오거스타 코스가 길게 변경되기 전에 그야말로 모든 사람이 우승하길 원했지만 다른 소수의 몇 선수와 그만이 그 코스 기록을 유지했었죠. 하지만 우리는 그를 설득해 웨지 플레이를 다듬도록 했습니다. 그가 오거스타에서 63 스코어를 낸 날, 그는 레이 업과 모든 파5에서 버디를 했죠. 그때를 계기로 그는 피치샷을 잘해 두면 더 좋은 점수를 낼 수 있다는 사실을 깨닫게 되었습니다. 그는 더 좋은 스코어를 내는 법을 배우길 원했던 거죠. 원하는 거리로 샷을 날리기 위해선 연습이 필수입니다."

피치샷에서 피니시 동작은 볼의 탄도와 방향에 큰 영향을 차지한다.
❶ 데이비드 리드베터의 릴리스 동작. 몸의 체중이 왼발에 대부분 실려 있다.
❷ 볼의 탄도를 높이기 위해서 오른팔은 팔꿈치를 접어서 피니시 자세를 만들었다.

08 팔과 상체가 함께 움직이는 스윙 만들어라

 타월을 이용한 피치샷 드릴

골프에서 강조하는 부분은 올바른 훈련법이다. 현대 골프에서 스윙의 보조기구는 다양하게 사용되고 있다. 어렵다고 느끼는 동작도 보조기구나 훈련 방법에 의해 쉽게 이해될 수 있다. 우리는 골프에서의 이러한 훈련 방법을 드릴이라고 부른다. 드릴 동작을 잘 활용하면 혼자서도 쉽게 문제점을 해결할 수 있다.

몸의 회전 동작을 이용한 피치샷을 위해 데이비드 리드베터가 드릴을 소개했다.

1) 타월을 이용해 팔과 상체가 함께 움직이게 연습하라

"정교한 피치샷을 위해 좋은 연습 방법을 알려드리지요. 바로 타월을 이용하는 것입니다. 제가 수십 년간 사용해 온 방식이지요. 먼저 몸에 타월을 두릅니다. 그다음 스윙을 하는 거예요. 그러면 타월 때문에 팔과 상체가 함께 움직이게 됩니다. 팔이나 손이 따로 움직이는 것을 방지하는 셈이죠. 신체의 모든 부분이 혼연일체가 되는 느낌이

저는 너무나 좋습니다."

2) 백스윙과 폴로(follow)는 동일한 높이로 유지한다

위와 같은 드릴을 위해 리드베터는 기본 동작을 추가 설명했다. 먼저 왼발에 약간의 체중을 싣고 클럽을 세게 쳐야 한다. 그리고 하나, 둘의 리듬을 생각해 보고 몸을 하나로 연결해 주는 기술을 얻는다는 것이다. 몇 번의 연습 스윙을 해 보면서 느낌을 익혀 보았다.

먼저 양발을 벌리고 오픈 스탠스를 취했다. 어깨의 방향을 열지 않고 평행 상태를 유지하는 것도 중요했다. 손목을 많이 사용하지 않고 스윙하는 데 큰 근육을 이용한 몸동작이 필요하다는 것도 강조되었다. 백스윙과 폴로의 크기는 같아야 한다는 것이다. 짧은 백스윙에 긴 폴로 동작은 방향성과 볼의 컨트롤을 약하게 만들기 때문이다.

골프에서 다른 동작도 마찬가지지만 피치샷에서 리듬의 중요성

피치샷의 탄도와 방향성을 높게 만들기 위한 훈련법

❶ 양쪽 겨드랑이에 큰 타월을 끼고서 피치샷의 어드레스 자세를 취한다.
❷ 겨드랑이에 끼워 놓은 타월이 떨어지지 않도록 양팔을 몸에 밀착시키고서 가파른 백스윙을 만든다.

① 피치샷의 기본적인 어드레스는 약간의 오픈 스탠스를 취한다.

② 왼발에 무게중심을 두며 백스윙과 폴로스루를 같은 높이로 유지한다.

③ 몸의 스피드를 단계별 이미지로 기억시킨다.

④ 자신만의 리듬으로 몸을 이용해 스윙한다.

⑤ 피니시에서 클럽페이스는 직각을 유지한다.

은 아무리 강조해도 지나치지 않다. 가볍게 볼을 치라고 했다. 처음부터 볼을 멀리 보내겠다고 거리에 욕심을 가지면 리듬까지 엉망이 되기 때문이다.

타월을 이용한 스윙 동작은 일체감을 느끼기에 충분했다. 타월을 이용한 피치샷 동작을 반복한 후에 타월 없이 시도했다. 리드베터는 만약 70m 거리라면 70마일(110km)의 속도로 몸을 회전하면서 샷을 하라고 했다. 50m 거리에서는 50마일(80km)의 속도로 몸을 움직여 샷을 한다는 생각을 가져야 한다는 것이다.

3) 자신의 스윙 속도를 이미지로 연상하여 조절한다

눈을 감고 이미지 연상 연습을 해 보면 몸의 움직임을 더 느낄 수 있다. 방향을 위해선 클럽페이스의 중요성도 강조했다. 피니시에서 클럽을 직각으로 유지하는 것도 바로 이러한 이유라는 것이다.

"짐 퓨릭은 웨지 플레이에서는 둘째가라면 서러운 선수인데, 특히 여기에 강했죠. 모든 세트업에서 퓨릭이 샷을 하는 동안 클럽페이스는 직각을 유지했어요. 여기서부터 클럽이 들어와야 클럽페이스가 스퀘어가 되죠. 볼을 통한 모든 페이스 로테이션이 전혀 없었

홍희선 프로의 피치샷 연속 동작
데이비드 리드베터의 훈련법을 이용한 동작을 통해서 피치샷을 하고 있다.

어요. 정말 놀라운 기량이죠. 모든 사람이 이런 샷을 구사할 수는 없죠. 하지만 중요한 건 여러분도 스스로 스피드를 조절할 수 있다는 겁니다. 부드러운 리듬, '원-투-원'을 갖는 건 좋은 생각이에요. 풀 샷을 할 때, 모든 짧은 샷의 경우는 특히 그렇죠."

4) 피칭한다는 느낌으로 볼을 직접 던지는 연습을 해 보자

어떤 종류의 짧은 샷이든 다른 종류의 클럽이나 웨지를 사용할 수 있다는 사실은 모든 골퍼에게 거리를 조절할 수 있는 능력을 준다는 뜻이다. 만약 피칭을 한다면 볼을 직접 던져 보라고 했다. 해 보면 알겠지만, 더욱 실감 나는 거리감을 느끼게 된다고 강조했다.

리드베터는 드릴을 이용한 피치샷 스윙의 잠정적인 결론을 내렸다. 스윙을 한 후 다시 뒤로 돌리고 끝까지 돌리면 몸으로 거리를 조절할 수 있다는 것이다. 손으로 조절하는 것과는 차원이 다르다고 강조했다. 뇌에서는 그 느낌이 손에서 오고 있다고 인식한다. 하지만 실제로는 상체가 원하는 스피드를 주는 것이라고 했다. 테크닉은 매우 간단하다. 먼저 리듬을 갖도록 하고, 자세를 잡은 다음 편하게 릴랙스하는 것이다. 원-투-원, 이렇게 간단하다.

09 좋은 아이언샷일수록 작고 얕은 디봇을 남긴다

좋은 아이언샷을 위한 준비

전욱휴 프로의 질문에 데이비드 리드베터가 좋은 아이언샷에 대해 설명하고 있다.

골프 역사상 우수한 선수들은 모두 아이언샷이 강했다. 골퍼는 모든 영역에서 좋은 기량을 필요로 하지만 스코어에 직결되는 아이언샷은 더욱 중요하다. 싱글 골퍼나 언더파에 도전하기 위해서는 아이언의 비거리 조절 능력도 중요하다.

비거리를 조절하기 위해서는 먼저 볼의 스핀을 조절해야 한다. 물론 샷의 탄도도 조절해야 한다. 7번 아이언을 가지고 샷을 할 때 거리의 편차가 심하게 생기게 되면 홀 공략을 제대로 할 수 없다. 지속

적으로 똑같은 기량을 발휘해서 자신의 원하는 거리에 늘 일정하게 볼을 보낼 수 있는 선수가 우수하다고 할 수 있다.

비거리의 경우 클럽페이스의 각도가 작은 클럽으로(예를 들어 6번 아이언) 좀 더 쉬운 샷을 할 수 있다. 아니면 클럽페이스의 각도가 큰 클럽(8번 아이언)으로 공격적인 샷을 할 수 있다. 이처럼 비거리와 탄도를 함께 조절하면 자연환경인 바람도 이겨 낼 수 있다.

골퍼에게 이와 같은 특성을 이해시킨 후에 세심히 레슨을 병행하면 골퍼의 기량은 바뀐다. 명코치일수록 세심한 가르침이 있다. 하지만 이러한 지도 역시 기본 세트업 자세에서 응용될 수 있다. 오늘은 데이비드 리드베터와 함께 경쟁력 있는 아이언샷을 위한 준비 과정을 알아보자.

리드베터의 첫마디가 인상 깊었다. 그는 "아이언은 방향을 잡기 위한 클럽이며 비거리를 위한 클럽은 아니다. 자신이 목표를 정한 곳으로 지속적으로 치는 것이 핵심"이라고 강조했다.

좋은 아이언샷을 할 때 흥미로운 것은 볼을 아래를 향해 치게 된다

❶ 좋은 아이언샷은 볼을 아래로 향해 치는 것이라고 설명하고 있다.
❷ 아이언 샷에서 체중 이동이 덜 이루어지면 샷은 위를 향해 떠올려진 샷으로 바뀔 수 있다.

좋은 아이언 샷을 만들기 위해서 왼손은 끌고 내려오게 된다. 데이비드 리드베터는 왼손 등이 꺾인 그대로 볼의 위치를 지나야 된다고 강조했다.
이처럼 살짝 바깥쪽으로 꺾여진 왼손 등을 유지해서 임팩트까지 끌고 내려올 때 찍어 치는 아이언샷을 만들 수 있다.
❶ 찍어 치는 스윙은 얕은 디봇으로 볼의 탄도를 만든다.
❷ 임팩트 시의 양 손목의 모습.
❸ 올바른 아이언의 피니시 자세.

는 것이다. 위를 향해 떠올려 치지 않는다. 아이언이 강한 선수일수록 얕은 디봇을 만든다고 했다. 디봇을 깊숙이 만들면 볼에 많은 스핀이 들어가기 때문이다. 볼도 필요 이상으로 높게 날아가게 된다.

마스터스에서 우승한 선수들의 아이언샷은 대개 얕은 디봇을 만든다. 얕은 디봇을 만들기 위해서는 잔디의 조건도 이해해야 한다.

벤트 그래스(bent grass)의 경우는 살짝만 임팩트가 이루어져도 디봇이 심하게 발생한다. 체중 이동이 덜 된 상태에서 임팩트가 되면 클럽이 깊숙이 박혀 비거리가 급격히 감소하게 된다.

좋은 세트업 자세와 몸의 균형도 중요하다.

"제가 선수들을 훈련시키는 방법이 있어요. 클럽을 앞에 놓은 다음 클럽을 누르는 느낌을 갖게 하는 거죠. 정말 추천할 만한 연습 방법입니다."

엉덩이를 살짝 뒤로 빼면서 척추 각을 숙여 일정하게 만든다(30도 정도 숙인다). 엉덩이를 살짝 뒤쪽으로 빼면서 상체를 숙이면 발바닥을 통해 느낄 수 있다. 초보 골퍼일수록 어드레스 자세 때 상체를 숙이지 않고 서서 친다고 지적했다. 척추 각을 느슨하게 하면 스윙 자

Player TIP 아이언샷 완성하기

❶ 얕은 디봇으로 볼의 탄도를 만든다.

❷ 클럽을 땅에 놓고 몸 전체로 누르는 느낌의 어드레스를 취한다.

❸ 엉덩이를 살짝 뒤로 빼면서 척추 각을 숙여 일정하게 만든다(30도 정도 숙인다).

❹ 스윙할 때 척추 각이 커지지 않도록 같은 각도를 유지한다.

❺ 왼손으로 클럽을 유지한다.

09

체가 전혀 다른 진행 방향으로 움직여 간다는 것을 강조했다.

일관된 아이언샷을 하려면 숙여진 척추 각을 유지하면서 양손을 양어깨로부터 편하게 내려놓아야 한다. 리드베터는 백스윙을 순조롭게 하기 위한 기본 중의 기본이라고 설명해 나갔다. 스윙할 때 숙여진 척추 각을 유지하는 것이 필요하다는 얘기다. 척추 각도를 어드레스 때와 동일하게 유지하는 것 자체가 볼의 방향성을 지켜 가고 있다고 할 수 있기 때문이다.

임팩트로 이어지는 순간에 배가 볼을 향해 내밀어지는 모습도 확인할 수 있다. 이러한 자세는 클럽페이스가 열리게 돼 슬라이스나 푸시 슬라이스의 구질이 나오게 된다. 스윙할 때 그라운드를 향해 몸을 움직이면서 척추 각을 유지하는 느낌은 샷을 아래쪽을 향해 쳤다고 볼 수 있다. 리드베터는 척추 각이 중요한 이유를 설명하면서 벤 호건(미국 프로골퍼. PGA 투어 메이저 대회 9승 포함 총 63회 우승. 그랜드슬램 달성)을 예로 들었다.

"손의 안쪽을 자신의 클럽페이스라고 느끼는 겁니다. 왼손이, 스

❶ 다운스윙 시 클럽의 샤프트는 가파른 경사로 끌고 내려와야 한다고 데이비드 리드베터는 강조한다.
❷ 백스윙 시에 왼쪽 가슴과 어깨 부분이 충분히 내려가도록 낮추어 주어야 한다.

윙 위치에 상관없이, 볼을 항상 낮은 탄도로 쳐야 합니다. 왼손은 임팩트 순간에 볼의 위치보다 왼쪽 허벅지 쪽에 놓이게 됩니다. 클럽 페이스의 각이 최대한 줄어들게 되는 겁니다. 이 점이 많은 훌륭한 선수가 아이언을 위쪽으로 향해 치지 않고 가파르게 아래쪽으로 치는 이유입니다. 호건의 유명한 동작을 들여다보면 그는 이런 임팩트를 하고, 손목을 이렇게 사용했죠. 이를 '수퍼 레이트(super late)'라고 부릅니다. 손목이 뒤로 꺾이기 때문에 호건은 볼을 압박하는 듯한 자세에서 비로소 클럽을 릴리스할 수 있었던 겁니다."

리드베터는 "볼을 칠 때는 클럽페이스를 볼과 직각으로 유지하는 것이 중요하다"고 강조했다. 일반적으로 좋은 아이언샷을 하기 위해서는 클럽을 리드하는 곳에 왼손이 위치해야 한다는 것이다.

좋은 아이언샷은 간결함과 파워를 갖춰야 하며, 이러한 요소는 스윙의 리듬에서 나온다.

아이언샷의 방향성을 높이는 방법

실전에서 아이언샷의 방향성을 높이기 위한 몇 가지 연습 방법을 소개한다.

우선 쇼트아이언과 미들아이언을 구별해 연습한다. 클럽마다 적어도 50개의 볼을 쳐 보면서 평균 거리를 계산하자. 평균 거리는 볼이 떨어진 지점을 기준으로 한다. 핸디캡이 낮은 골퍼의 볼은 그린에 떨어져 굴러가지 않는다. 그러므로 목표 방향을 정한 뒤 매 샷 최선을 다해 볼을 쳐 보면 볼이 떨어진 분포를 알 수 있다. 볼을 칠 때

아이언샷은 정확성 못지않게 비거리도 중요하다. 몸 전체를 사용해 스윙해야 원하는 만큼 비거리가 나온다.

마다 실제 떨어진 지점을 기록지에 하나하나 찍어 옮겨 본다. 그러면 평균 거리와 볼의 구질을 알 수 있다.

주말 골퍼들은 가끔 자신의 비거리와 떨어진 볼을 확인할 수 있는 연습장을 찾아가 확인해 볼 필요가 있다. 하지만 국내 여건상 이러한 연습을 하기는 쉽지 않다. 데이비드 리드베터 아카데미의 연습장은 매우 잘 설계돼 있었다. 천연잔디가 깔린 연습장은 길이가 400m나 돼 서로 마주 보며 칠 수 있다. 원하는 클럽을 골라 칠 수 있도록 다양한 목표물이 설치돼 있다.

1) 백스윙은 간결하게, 다운스윙은 정확한 스윙 축을 유지하자

좋은 시설에서 훈련하는 골퍼들은 연습을 통해 실전 감각을 더 얻어 갈 수 있다. 리드베터의 실전 노하우를 체험을 통해 고스란히 소화하기 위해 홍희선 프로가 샷을 해 보았다.

"자, 쉬운 스윙을 몇 번 해 보겠습니다. 좋은 연습 방법은 바로 쉬

❶ 백스윙 동작의 드릴. 백스윙 시에 상체를 숙인 채로 백스윙을 만들기 위한 훈련 모습이다.
❷ 피니시 동작의 드릴. 데이비드 리드베터의 지도 아래 홍희선 프로가 상체 각을 유지한 채 피니시 동작을 만들어 보이고 있다.

운 스윙을 하는 거죠. 볼을 너무 세게 칠 필요가 없습니다. 왼손 등의 위치와 척추 각을 유지하는 데 신경 쓰세요. 편하게 스윙하세요. 풀스윙을 할 필요도 없어요."

리드베터는 세트업 자세를 잡고 밸런스를 바르게 했을 때 어떤 느낌인가를 기억하는 데 중점을 두어야 한다고 강조했다. 백스윙을 간단하게 하고 클럽헤드를 손 바깥쪽에 두되 클럽이 너무 빨리 움직이는 건 좋지 않다는 것이다. 클럽은 스윙 축과 평행하게 또는 가파르게 회전시켜야 한다. 방향을 전환해 클럽을 정확한 스윙 축에서 내려오게 하면 바로 임팩트 자세가 된다. 폴로를 할 때도 클럽이 스윙 축 위에 위치하게 된다는 것을 기억하라고 강조했다.

아이언의 방향성을 높이기 위해서 상체를 오른쪽으로 기울인 채 피니시를 만들고 있다.

2) 길고 넓은 디봇을 만들어라

뛰어난 선수라면 항상 디봇이 직각이거나 아니면 약간만 왼쪽으로 향하도록 한다. 오른쪽으로 향하지 않도록 해야 한다는 것이다. 임팩트 순간 볼이 부딪치는 소리를 들어 보면 좋은 임팩트를 예측할 수 있다. 잘 맞은 샷들은 아주 단단한 느낌을 준다. 디봇이 길다는 것은 좋은 결과라고 볼 수 있다. 만약 디봇의 길이가 짧으면 최상의 임팩트는 아니라는 것이다.

리드베터는 골프의 격언을 하나의 예로 들었다. 바람이 불면 쉬운 스윙을 하라' 는 것이다. 너무 세게 쳐 볼이 스핀을 받아 하늘로 치솟지 않도록 하는 게 중요하다는 것이다. 약간이라도 바람이 불 때는 볼에 스핀이 들어가게 되고 볼이 떨어질 때쯤이면 스핀의 영향력이 더 커지기 때문이다. 결국 비거리도 줄게 되고 방향이 지나치게 왼쪽이나 오른쪽으로 휘어진다는 것이다.

아이언샷 실전 연습

① 백스윙은 간결하게, 다운스윙은 정확한 스윙 축을 유지하라.
② 길고 넓은 디봇을 만들어라.
③ 어드레스 때와 피니시 때 동일하게 척추 각을 유지하라.
④ 몸 전체를 사용해 스윙하라.
⑤ 여성 골퍼들은 샷의 정확도와 비거리를 위해 체력운동을 병행하라.

10

하체를 안정시키면서 상체 각도를 유지하기 위해서 양손으로 클럽을 눌러 보고 있다.

3) 어드레스 때와 피니시 때 동일하게 척추 각을 유지한다

어떠한 상황에서도 척추 각은 어드레스 때와 피니시 때 모두 동일하게 유지해야 30% 이상의 방향성을 증가시킬 수 있다는 통계를 골퍼들은 명심할 필요가 있다. 샷의 느낌이 좋지 않다는 이유만으로 자세를 쉽게 풀어 버리면 자신만의 느낌 있는 좋은 스윙을 할 수 없다는 뜻이다.

4) 몸 전체를 사용해 스윙하라

물론 아이언의 비거리를 무시할 수는 없지만 클럽마다 필요한 거리를 내기 위한 비거리 증대는 꼭 필요하다. 그렇게 하기 위한 기본이 몸 전체를 사용한 스윙이라고 할 수 있다.

"다운스윙할 때 반드시 몸을 회전시켜야 합니다. 물론 회전 이전에 이동이 되어야 하지요. 팔만 움직여서는 제대로 된 스윙을 할 수 없어요. 몸을 가지고 스윙의 균형을 지켜야 합니다. 이를 통해 좋은 스윙 동작이 만들어지는 겁니다. 이러한 스윙의 완성을 위해서는 먼저 자신의 몸 자세를 살펴보고, 그다음 팔과 손, 클럽의 위치를 정확하게 관찰해야 합니다."

물론 이 두 가지 요소도 좋은 세트업, 밸런스, 올바른 그립이 없으면 무용지물이다.

5) 여성 골퍼는 샷의 정확도와 비거리를 위해 체력운동을 병행하라

리드베터는 여성 골퍼를 위한 조언도 해 주었다. 제대로 된 아이언샷을 하기 위해서는 팔뚝을 비롯한 상체에 힘이 있어야 하고, 몸의 자세를 지탱해 줄 수 있는 튼튼한 다리가 필요하다는 것이다. 근력을 키우기 위해서는 주기적인 체력훈련이 반드시 필요하다.

6) 머리 위치는 몸의 중심에 고정한다

체력이 약한 골퍼들의 공통점은 몸이 좌우로 심하게 움직인다는 것이다. 여성뿐만 아니라 시니어 골퍼들에게서 자주 목격되는 현상이다. 특히 미들아이언을 이용해 스윙할 경우 머리의 위치는 중심에 고정한다는 느낌으로 해야 한다.

머리의 위치와 높이를 고정시키고 샷을 하는 것이 중요하다.

11 장타는 힘이 아니라 제대로 된 스윙에서 나온다

파워 드라이버를 위한 준비

야구 선수들이 홈런을 꿈꾸듯 골퍼들은 장타를 원한다. 우드 드라이버를 사용했던 예전에는 비거리보다 방향 조절이 더 큰 관심거리였다. 그러나 최근에는 방향보다 장타에 더 주목한다. 드라이버 클럽의 디자인도 비거리를 늘리기 위한 쪽으로 빠르게 진화하고 있다. 골프 레슨의 방향도 파워 드라이버샷의 드릴 위주로 전환됐다. 하지만 골프의 파워는 방향성과 조화를 이루어 갈 때 지속성을 갖는다.

골프 스윙의 원리는 14가지로 분류된다. 방향에 영향을 주는 4가

파워 드라이버샷을 위해서는 무엇보다도 안정된 하체의 역할이 중요하다고 강조한다. 데이비드 리드베터는 양발이 땅을 누르고 있다는 느낌을 가져야 한다고 설명한다.

멋진 티샷을 위해서는

❶ 왼쪽 엉덩이를 3~4cm 올려 주는 어드레스 자세를 취한다.

❷ 볼의 위치는 왼발 안쪽 선상에 놓여야 한다.

❸ 다운스윙 시 동작은 '하체-상체-팔-손-클럽'의 순서로 한다.

❹ 양팔은 긴장을 풀고 그립을 단단하게 잡는다.

❺ 스윙 연습은 '원-투-스리-원'의 4박자 리듬을 가져야 한다.

지 원리와 비거리에 영향을 주는 5가지, 그리고 방향과 비거리에 영향을 주는 원리 5가지다. 14가지 원리 중에서 드라이버의 파워 스윙을 위한 중요한 원리는 바로 세트업 자세다.

세트업의 원리는 이렇다. 먼저 머리의 균형을 유지한다. 발목은 어깨에서 수직으로 내려온 위치에 둔다. 등뼈는 엉덩이로부터 앞으로 기울어진 자세를 유지한다. 등뼈를 꼬리뼈 부분에서 숙인 자세에서 회전축의 중심 위에 놓으면 세트업이 완성된다. 좋은 교습가일수록 원리 안에서 스윙을 지도한다. 데이비드 리드베터는 장타에 대해 어떻게 생각할까.

"제가 세트업 자세를 취해 보겠어요. 드라이버샷을 위한 스탠스는 넓게 취합니다. 이상적인 밸런스를 위해 스탠스를 넓게 벌리는

❶ 올바르게 준비된 안정된 자세는 다운스윙 시 체중의 이동을 순간 이끌어 낼 수 있다.

❷ 파워 드라이버샷을 위해서 왼쪽 엉덩이는 오른쪽 엉덩이의 위치보다 3~4cm 높게 올라간다.

11

파워 드라이버 샷을 위한 훈련법

데이비드 리드베터는 헤드 스피드를 빠르게 만들기 위해서 드라이버를 거꾸로 잡고 스윙 연습을 하라고 강조했다. 드라이버로 볼을 멀리 치기 위해서 헤드는 빠르게 소리를 낼 수 있을 정도로 움직여야 한다고 강조했다.

것입니다. 이제 드라이버를 가지고 직접 시범을 보여 드리죠. 먼저 왼쪽 엉덩이를 약간 높게 들어 줍니다. 이것은 세트업에서 굉장히 중요합니다. 이렇게 해야만 좋은 샷을 날릴 수 있으니까요. 아이언을 가지고 세트업할 때는 엉덩이를 평행한 자세로 잡을 수 있지만, 드라이버의 경우엔 약간 들어 준다는 것이지요."

리드베터의 세트업 자세를 뒤쪽에서 확인해 보았다. 왼쪽 엉덩이가 3~4cm 이상 높게 올라가 있었다.

1) 왼쪽 엉덩이를 3~4cm 올려 주는 어드레스 자세를 취한다

"왼쪽 엉덩이를 위쪽으로 올려 주는 자세와 조화를 이루어야 하는 것이 볼의 위치입니다. 왼발 안쪽 선상에 볼이 놓여야 순조로운 스윙을 하게 됩니다. 볼의 위치가 상대적으로 더 왼쪽에 놓이면 임팩트 시 클럽이 닫힙니다. 훅성의 샷이 나오게 됩니다. 또 너무 오른

쪽에 놓이면 클럽이 열립니다."

리드베터는 백스윙을 강조했다. 백스윙을 톱 동작까지 순조롭게 만들어 가야 하고, 너무 일찍 팔로만 들어 올려서는 안 된다고 말했다. 왼쪽 어깨의 회전 없이 팔로만 들어 올리면 심하게 뒤땅을 칠 위험이 있고 토핑도 자주 발생한다. 파워 드라이버의 근본적인 비결은 힘으로 치는 것이 아니라고 했다. 제대로 된 스윙 동작의 순서를 익히는 것이 중요하다는 것이다. 다운스윙을 시작할 때 하체가 먼저 움직여야 한다고 강조했다. 다음으로 상체-팔-손, 그리고 클럽의 순서로 움직임을 만들어야 파워를 끝까지 유지할 수 있다는 것이다.

골퍼들이 자세를 교정하는 대신 날아가는 볼을 보면서 연습하게 되면 근본적인 동작의 치료는 어렵다. 근본 치료 없이 만든 스윙은 경기 중에 무너지는 결과를 낳는다. 훌륭한 선수들은 잘못된 점을

좋은 스윙 만들기

반복 동작을 이용해서 만들어지는 스윙은 의식적으로 완성된다. 이러한 의식적인 스윙의 동작은 실전에서 무의식적인 상태로 나타나게 된다. 좋은 스윙이란 무의식적인 상태에서 만들어지는 것이다.

그때그때 바로 교정한다. 기본 자세가 잘못된 상태에서 스윙하면 잘못 만들어진 스윙으로 볼을 치게 된다.

심한 압박 상태에서도 드라이버샷의 장타로 페어웨이 안착률을 높일 수 있는 것이 바로 스윙을 간결하게 하는 것이다. 간결한 스윙은 파워의 동작을 볼에 모두 전해 주는 동작이라고 할 수 있다.

"이제 제가 하려는 것은 세트업을 하고 양팔을 편하게 만드는 것입니다. 팔이 긴장하게 되면 백스윙을 자연스럽게 할 수 없어요. 양팔을 양어깨에서 그대로 내려놓으세요. 일부 골퍼는 스윙 연습을 할 때 너무 많은 생각을 해요. 시간을 끌면 끌수록 몸은 긴장하게 됩니다. 팔의 긴장은 반드시 풀어야 합니다."

"제 그립은 단단하지만 팔은 긴장 상태에서 벗어나야 합니다. 저와 악수를 해 보세요. 팔은 긴장이 풀려 있고 손은 단단한 것을 알 수 있어요. 이 두 가지를 이해해야 합니다. 팔이 편하게 릴랙스되면 에너지는 손과 팔을 통해 몸을 통과하게 되고 클럽에 전달됩니다. 팔의 긴장을 느끼면 스윙에서 중요한 리듬을 잃게 됩니다."

2) 스윙 연습은 원-투-스리-원의 4박자 리듬을 가져야 한다

리드베터는 연습 스윙을 위한 팁을 주었다. 좋은 세트업 자세에서 샷을 하기 전에 스윙 연습을 충분히 해야 좋은 결과를 얻을 수 있기 때문이다. 항상 '원-투-스리-원'의 풀스윙을 하라는 것이다. 여기서 '스리'는 백스윙의 완성을 의미한다. 만약 빠르게 '원-투-스리'로 하면 잘못된 동작이 된다. '원-투-스리-원'의 4박자 템포에 맞추면 하체를 정확하게 사용할 시간적 여유를 가질 수 있다.

이 리듬은 순조롭게 동작을 전환하도록 해 준다. 몸을 이동하고 회전할 때 모든 파워를 그대로 유지하고 파워를 손실 없이 임팩트에 실을 수 있게 된다.

12 스윙을 할 때는 몸도 클럽의 일부로 생각하라

파워 드라이버를 위한 스윙

  잘못된 스윙 동작은 잘못된 '생각'에서 나온다. 머릿속에 오랫동안 잘못 인식된 내용을 바꾸기는 쉽지 않다. 잘못된 동작으로 해 온 기간보다 더 오랫동안 더 많은 훈련을 해야 가능하다. 대부분의 골퍼는 스윙을 바꾸기가 어렵다고 한다. 하지만 전문가 입장에서 보면 스윙은 생각보다 쉽게 바꿀 수 있다. 아주 기본적인 자세부터 이해시켜야 한다. 골퍼의 잘못된 동작을 확인시켜 주면서 설명하면 서서히 변화가 일어난다. 그리고 일정 기간 가장 효율적인 연습을 할 수 있도록 돕는 훈련 방법인 드릴을 통해 큰 효과를 볼 수 있다.

하체가 주도하는 야구 스윙을 이해하면 좋은 골프샷을 치는 데 도움이 된다. 리드베터가 야구 배트를 휘두르고 있다.

1) 다운스윙 시 왼발 축에 힘을

데이비드 리드베터는 드라이버로 장타를 치기 위한 방송 촬영 중에 야구에서 홈런 치는 모습과 드라이버로 장타 치는 모습을 비교해 보이면서 설명을 시작했다.

"많은 프로야구 선수가 골프에서도 장타를 친다는 사실을 알고 있나요? 야구 경기에서 투수가 공을 던질 때 타자는 벌써 몸을 움직이기 시작합니다. 몸은 투수의 공을 기다리면서 하체는 자연스럽게 반응합니다. 바로 이 점이 백스윙을 완성할 때 골프에서 꼭 필요한 것이지요.

즉, 백스윙이 완성되기 직전에 야구 선수처럼 몸은 벌써 열리게 된다는 것이지요. 연습 스윙을 할 때, 톱 동작에 오른 다음 완전히 멈춘 후에 다운스윙을 진행하는 건 아주 나쁜 습관이라고 할 수 있어요. 장타를 치는 PGA 선수들은 톱에 도달하기 직전에 정지 없이 다운스윙을 시작합니다."

❶ 골프의 임팩트 직전의 모습으로 볼 수 있다. 체중은 왼쪽에 실려 있고 몸은 이미 목표 쪽으로 열려 있다.
❷ 골프 스윙의 릴리스 동작과 유사하다.
❸ 골프 스윙의 피니시 동작으로 이해해야 한다.

데이비드 리드베터가 파워 드라이버 샷을 위한 어드레스 자세를 홍희선 프로에게 직접 잡아 주고 있다.

리드베터는 야구 배트를 가져와 던져 주는 야구공을 직접 쳐 보였다. 날아오는 야구공을 쳐다보면 자세 잡기가 쉽다고 했다. 머릿속으로는 미리 몸을 열어 자세를 취하게 되면 엉덩이가 왼쪽 발을 통해 전달되는 느낌을 받게 된다는 것이다. 골프에서도 동일한 느낌을 스윙에 적용해 보면 스윙 동작을 쉽게 이해할 수 있다고 했다.

2) 왼쪽은 높게 오른쪽은 낮게

다운스윙 시 왼발 축에 힘을 준다는 것은 몸의 체중을 이동했다

Check Point

파워 드라이버 샷은 견고한 하체와 편안한 상태에서의 상체의 조화에 의해 완성된다.

는 것이다. 과학적인 스윙 이론에 따르면 방향을 전환할 때 발을 통과하는 파워가 스윙의 스피드를 가장 크게 만들 수 있다. 리드베터는 야구 동작을 통해 몸의 움직임을 좀 더 자세히 설명했다. 상체를 움직이고 다리에는 힘을 주어야 한다는 것이다.

몸과 팔이 함께 움직이도록 만들라고 했다. 스탠스를 벌린 후 볼의 위치를 왼발 안쪽에 오도록 해야 한다고 한 번 더 강조했다. 왼쪽 엉덩이를 살짝 높게 올려야 하며 그러면 몸의 기울기가 생긴다고 설명했다. 등뼈를 중심으로 10~12도 정도 오른쪽으로 기울이라는 것이다. 리드베터의 자세에서 왼쪽은 높고 오른쪽은 낮게 몸이 기울어져 있는 것을 확인할 수 있다.

간결하고 파워 있는 백스윙 동작을 위해서 데이비드 리드베터가 홍희선 프로에게 올바른 자세를 잡아 주고 있다.

파워 드라이버를 저해하는 잘못된 백스윙 동작들

① 백스윙 과정에서 몸이 왼쪽으로 역피벗 상태로 기울어진 모습. 이러한 동작은 다운스윙 시 체중 이동을 저해하게 된다.

② 톱 동작에서 몸이 많이 들리게 된 모습. 이러한 모습은 백스윙 시에 왼쪽 어깨의 회전을 적게 만들어 파워 있는 스윙을 만들 수 없게 된다.

3) 스윙은 짧고 크게, 회전을 강하게

드라이버로 티샷을 할 때 몸의 기울기를 만들어 놓지 않고 양어깨가 평행한 상태에서 스윙을 하면 큰 문제가 생긴다. 아이언샷의 자세처럼 어깨가 평행한 상태에서 스윙이 이루어지면 엉덩이가 많이 흔들린다. 또 백스윙 시 양팔을 너무 길게만 오른쪽 안쪽으로 가져가면 다운스윙 시 끌고 내려오는 힘을 잃어버리게 된다. 이러한 잘못된 현상은 양팔이 몸으로부터 너무 멀리 떨어져 만들어지는 여성 골퍼의 스윙에서 볼 수 있는 문제다. 그러므로 백스윙을 짧게 하면서도 양어깨를 최대한 회전시켜 진행해 가며 하체의 코일 상태를 확인해 보아야 한다고 설명했다. 바로 파워 스윙을 위한 백스윙의 자세다.

4) 간결하고 파워 있는 백스윙

백스윙을 할 때 왼쪽 어깨와 왼쪽 엉덩이를 함께 살짝 내려 준 후 자세를 멈추어 보면 오른쪽 다리 안쪽에 더 무게감을 느끼게 된다. 즉, 파워 스윙의 느낌을 체험할 수 있다. 거울 앞에서 자신의 스윙 동작을 확인해 보면 하체에 힘을 싣기 위해 왼쪽 어깨를 내려 주는 동작이 얼마나 중요한지 알 수 있다. 그러면 다운스윙 시 힘이 왼발을 통해 하체로 전달된다. 몸의 파워가 왼발을 통해 볼로 전달되는 것도 이해할 수 있다. 이를 통해 하체-상체-팔-손-클럽으로 이어지는 동작의 순서를 느낄 수 있다. 즉, 몸의 올바른 움직임 순서인 스윙의 타이밍을 갖게 된다.

많은 골퍼가 백스윙 시 어깨의 회전을 이용하기보다 양팔만 너무 일찍 들어 올린다. 이렇게 되면 하체의 코일을 느낄 수 없다. 충분한 하체의 코일 후 톱 동작에서 정확하게 볼을 향해 클럽으로 강한 코일을 해 보면 볼을 얼마나 멀리 보낼 수 있는지 느낄 수 있다. 리드베터는 마무리 요약 설명을 이어갔다.

"좋은 세트업, 밸런스, 몸의 자세는 모든 클럽 사용에서 중요하죠. 항상 부드럽게 몸을 움직이고 원-투-스리-원의 4박자 템포를 잊지 마십시오. 야구 선수 이미지를 그리면 됩니다. 몸이 뻣뻣하게 굳은 상태에서 급히 팔만 뻗는다면 어떨지 말입니다. 몸을 정확하게 사용하는 것을 명심하세요. 스윙 자세만 좋다면 자연스럽게 클럽 스피드와 파워를 실어 볼에 전달하게 됩니다. 볼을 세게 칠 걱정을 마시고, 지속적인 스윙을 만드는 데 주력하세요. 그러면 장타는 더불어 만들어집니다."

13 진정한 싱글 골퍼는 페이드샷 · 드로샷 칠 줄 안다

샷 메이킹–드로샷과 페이드샷

아이언을 이용한 드로샷 연속 동작

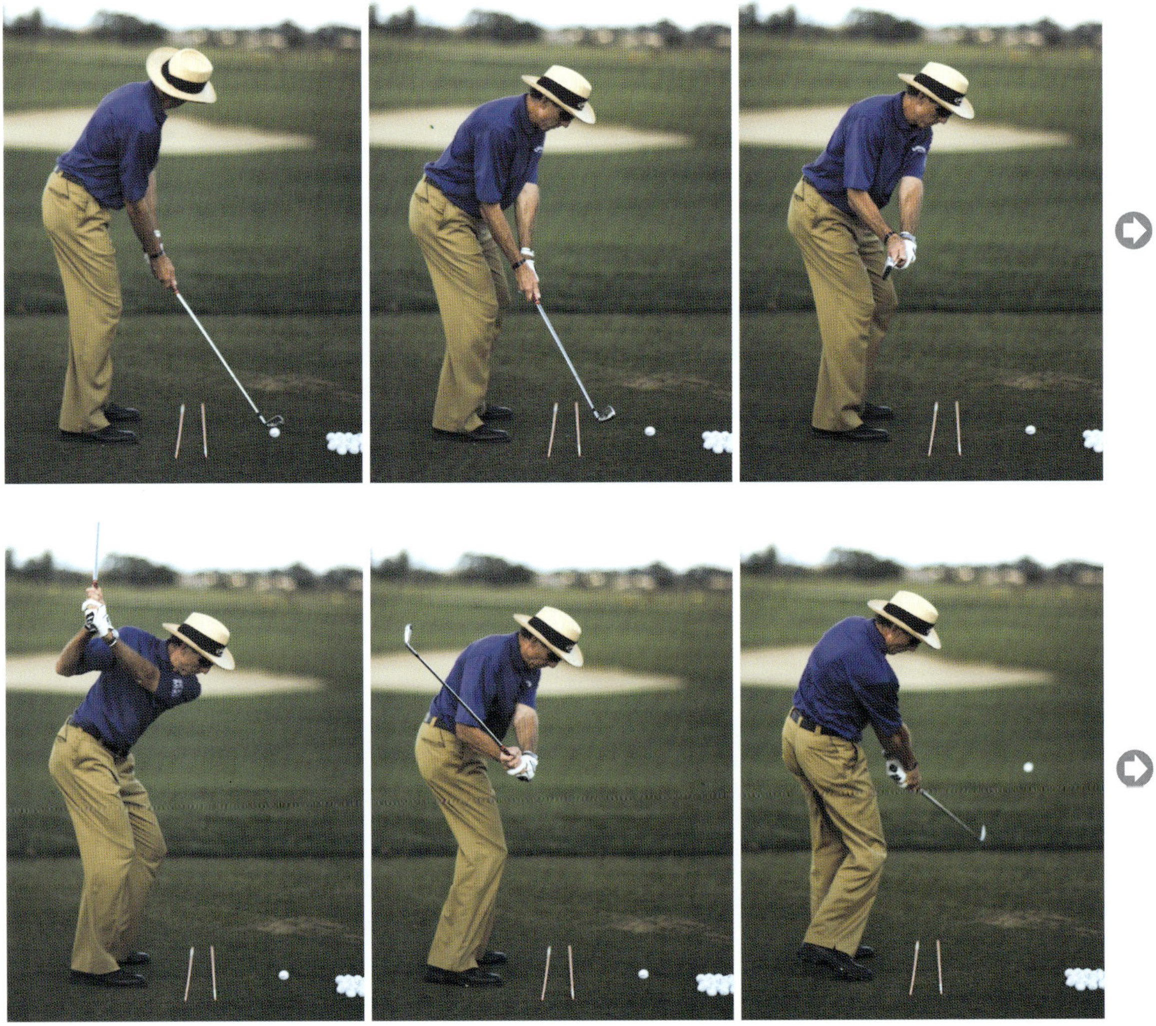

싱글 핸디캡 골퍼가 되려면 자신이 원하는 방향으로 볼을 칠 수 있어야 한다.

흔히 샷 메이킹이라고 한다. 훅이나 슬라이스가 아닌 드로와 페이드라고 볼 수 있다. 훅은 공중에서 큰 커브를 그린다. 목표보다 왼쪽으로 휘어져 날아간다. 슬라이스도 심하게 휘어져 날아가 목표보다 오른쪽으로 간다. 방향성을 가장 중요시하는 PGA 선수들은 볼이 직

**아이언을 이용한 페이드샷
연속 동작**

선으로 날아가도록 친다. 하지만 바람이 우측에서 좌측으로 가로질러 불어온다면 똑바로 친 볼도 바람의 영향으로 우측에 떨어진다.

볼의 방향을 지키기 위해 PGA 선수들은 페이드샷으로 공략한다. 바람이 좌측에서 우측으로 가로질러 불면 드로샷으로 공략해야 볼의 방향을 유지하면서 거리를 지킬 수 있게 된다.

또한 핀이 그린의 왼쪽에 있을 때 드로샷은 가장 안전한 공략이

될 수 있다. 반면에 핀이 그린 뒤쪽에 있다면 페이드샷을 하는 것이 올바른 공략법이다.

샷 메이킹의 설명을 위해 데이비드 리드베터와 함께 천연잔디로 잘 정돈된 드라이빙 레이지로 옮겼다. 날아가는 볼의 구질을 눈으로 확인할 수 있어야 샷 메이킹을 쉽게 이해할 수 있기 때문이다. 드로샷과 페이드샷에 대한 리드베터의 생각을 들어 보았다.

1) 임팩트 시 클럽페이스를 원하는 방향으로

"아이언의 경우 저는 벤 호건의 생각과 같습니다. 호건의 드로샷의 경우 임팩트 순간 클럽페이스가 닫히게 합니다. 페이드샷을 할 때는 임팩트 순간에 클럽페이스가 열려 있어야 합니다. 처음부터 클럽페이스를 열어 놓거나 닫고서 치는 것은 아닙니다. 즉, 항상 열거나 또는 닫으면서 볼을 쳐야 한다는 것이지요."

2) 원하는 방향으로 살짝 몸을 돌려서 조준

샷 메이킹에 대한 리드베터의 생각을 살펴보면 몸의 정렬을 조준에 이용한다는 것을 알 수 있다. 페이드샷이나 드로샷을 할 경우 약간만 오른쪽 또는 왼쪽으로 조준한다.

3) 더 보내려면 드로, 볼을 세우려면 페이드

일반적으로 골퍼들은 드로샷이나 페이드샷을 할 경우 오른쪽이나 왼쪽으로 20야드 이상 과장해 조준한다. 과장된 조준은 샷 메이킹이 아닌 훅 또는 슬라이스를 만들어 낸다. 샷 메이킹을 잘해 내기 위해 PGA 선수들이 어떻게 준비하는지 알아 둘 필요가 있다.

PGA 선수들은 언제나 클럽페이스를 어떻게 다루는지 알고 있다. 즉, 클럽페이스가 무슨 역할을 하는지 안다는 것이다. 낮은 탄도로 볼을 보내고 싶으면 클럽페이스의 각을 세운다. 반대로 높게 띄워 치고 싶으면 볼의 위치를 정상보다 더 왼쪽에 두어 로프트가 더 커지게 만든다.

드로샷과 페이드샷의 임팩트 순간도 클럽페이스가 닫혀 있어야 하고 열려서 볼과 만난다는 사실도 알고 있다. 골퍼들이 페이드샷이나 드로샷으로 구질이 고정되어 있다면 쉽게 바꾸려 하지 않는다. 하지만 리드베터는 마스터스에서 우승했던 닉 팔도의 우승 전략을 소개했다. 오거스타의 코스에서 좋은 결과를 얻기 위해 드라이버샷의 구질을 드로샷으로 바꾸었고, 빠른 그린에서 볼을 세우기 위해 아이언샷은 페이드를 택했다고 했다.

4) 드로샷은 임팩트 순간 클럽페이스 닫히게

리드베터는 드로샷이나 페이드샷을 잘하기 위해 의도적인 기술은 좋지 않다고 했다. 특히 코스에서는 기술적인 면을 너무 많이 생각하지 말고 단순히 '드로샷을 하겠다' 고 생각하면서 드로를 느끼라고 말했다. '페이드를 칠 거야' 하면서 자연스럽게 스윙하면 된다.

필드에서는 잠재의식 속에 가지고 있는 생각이 샷을 만들어 낸다는 점을 이용하라는 것이다. 훌륭한 선수들은 생각을 하지 않고 자연스럽게 시도할 때 가장 좋은 결과를 얻게 된다.

"자, 이제 제가 드로샷을 보여 드리겠습니다. 제가 하려는 것은 우선 드로를 친다는 생각을 먼저 하는 것입니다. 그래서 클럽이 안쪽에서부터 나와 볼과 만나도록 하지요. 자, 보세요. 볼의 안쪽에서 진행되는 것을 느낄 수 있지요. 페이드샷을 한다면 저는 클럽페이스가 바깥쪽에서 안쪽으로 진행되도록 합니다. 이제 드로샷을 하기 위해 클럽페이스가 임팩트 순간에 닫히는 것을 보게 됩니다."

5) 드로샷은 충분히 피니시를

또한 좀 더 구체적인 샷 메이킹을 하기 위해 골퍼들이 느껴야 할 것은 어깨가 볼을 향하면 더 돌려 주어야 효과적인 드로샷을 만들 수 있다는 것이다. 즉, 드로샷은 어깨가 더 많이 돌아가야 한다.

6) 어깨의 회전 각과 클럽의 피니시를 이용

반대로 페이드를 치려고 할 경우에는 어깨가 좀 더 아래쪽으로 향하게 만든다. 리드베터는 드로샷과 페이드샷을 위한 샷 메이킹의 이해를 돕기 위해 좀 더 구체적인 설명을 이어 갔다.

"클럽페이스를 보세요. 제가 스윙 시 아래쪽으로 스윙하면 클럽페이스가 더 열리게 됩니다. 그래서 제 어깨가 정말로 클럽의 회전 각을 조절하고 있다는 것을 확인할 수 있어요. 그래서 저는 제 손목이나 팔을 너무 많이 사용해 클럽을 조절하려 하지 않고 단지 스윙을 하면서 어깨가 볼을 향해 자연스럽게 나가게 합니다. 그러니까 클럽페이스가 어깨에 의해 임팩트까지 조절하게 된다는 것이지요."

실제 스윙하기 전에 마음속에 샷에 대한 생각을 갖는 게 중요하다는 것이다. 드로샷이나 페이드샷은 손과 팔이 아닌 어깨 회전 각의 높낮이와 클럽페이스의 방향으로 조절한다.

① 페이드샷이나 드로샷은 임팩트 시 클럽페이스를 원하는 방향으로 자연스럽게 돌려 친다.

② 페이드샷이나 드로샷을 할 경우 원하는 방향으로 살짝만 돌려 조준을 한다.

③ 볼을 더 굴려 보내려면 드로샷을, 빠른 그린에서 볼을 멈추게 하려면 페이드샷을 한다.

④ 드로샷은 클럽헤드가 안쪽에서부터 진행되어 임팩트 순간에 클럽페이스가 닫히도록 한다.

⑤ 드로샷은 어깨가 평행이 될 때까지 피니시한다.

⑥ 어깨의 회전 각과 클럽의 피니시를 이용해 드로샷과 페이드샷을 조절한다.

드로샷과 페이드샷의 실전 레슨

스윙을 이용해 샷을 만들어 갈 때 가장 중요한 것이 무엇이냐는 질문을 자주 받는다. 오랜 경험과 수많은 연구 자료를 통해 종합해 보면 공통점을 찾을 수 있다. 샷을 하기 전 머릿속에 정리돼 그려진 모습이 있어야 한다는 것이다. 기본이 되는 간결한 생각이 정리되

데이비드 리드베터가 홍희선 프로의 드로샷 동작을 바로잡아 주고 있다.
❶ 다운 스윙의 초기. ❷ 임팩트 직전의 모습. ❸ 피니시 동작.

홍희선 프로의 드로샷 시범

어 있어야 실전의 샷에서 효과를 볼 수 있다.

난이도 높은 기술이 필요한 샷을 할 때는 더욱더 샷의 개념이 있어야 한다. 응용력을 가지고 하는 샷일수록 기본이 되는 풀스윙을 제대로 이해하면 좀 더 쉽게 접근할 수 있다.

드로샷은 5번 아이언을 가지고 할 때 가장 효과적이다. 즉, 쇼트아이언이나 미들아이언보다 롱아이언에 가까운 클럽일수록 오른쪽에서 왼쪽으로 휘어지는 드로샷을 쉽게 할 수 있다는 것이다. 5번 아이언의 드로샷은 임팩트 순간 클럽페이스가 살짝 닫히게 된다. 즉, 4번 아이언에서 볼 수 있는 클럽페이스의 로프트를 가지게 된다. 실제의 5번 아이언의 거리보다 좀 더 길게 굴러간다.

페이드샷은 정반대의 결과를 낸다. 롱아이언보다 쇼트아이언이나 미들아이언에서 좋은 페이드샷을 만들 수 있다. 페어웨이가 1㎝

로 짧게 깎인 풀에서 피치샷을 할 때는 56도의 샌드웨지가 스핀을 가장 많이 먹는 페이드샷을 할 수 있다. 미들아이언인 8번을 가지고 페이드샷을 할 경우 8번과 9번 사이의 탄도와 거리를 갖게 된다. 즉, 8번 아이언을 가지고 페이드샷을 해 보면 거리는 약 5야드 줄고 탄도는 8번보다 좀 더 높게 날아가게 된다.

앞에서는 데이비드 리드베터의 샷 메이킹에 대한 기본 생각을 정리해 보았다. 이번에는 홍희선 프로의 실전 과정을 리드베터의 생각으로 실천해 보았다.

1) 드로샷 피니시는 높지 않게

"자, 먼저 드로샷을 해 볼까요? 먼저 어드레스를 하세요. 스탠스 자세에서 볼은 중심보다 약간 뒤로 놓는 것이 좋겠어요. 드로 스윙

스윙 동작이 다른 드로샷과 페이드샷의 공통점을 피니시 자세에서 찾는다면 샷을 한 후 피니시 자세에서 적어도 몸의 움직임 없이 3~4초 정도 균형을 잡고 기다리는 것이다.

을 서서히 하세요. 어깨 부분을 자세히 보세요. 오른쪽 어깨가 돌아 들어오게 되지요. 클럽페이스를 보세요. 살짝 닫혀 들어오게 되지요. 톱 동작에서 양어깨는 평행하게 만들어집니다. 많은 분이 드로 샷을 할 때 피니시 자세가 높은 경우가 있는데요, 피니시 자세가 높으면 양손에 많이 의존한 스윙이 만들어집니다. 조심해야 할 부분이지요."

2) 페이드샷은 클럽을 끝까지 릴리스

"자, 이제 페이드샷입니다. 먼저 클럽은 미들아이언을 사용합니다. 백스윙 시 클럽을 목표 방향보다 바깥쪽으로 진행하는 것이 중요하지요. 몸의 정렬선이 목표보다 왼쪽을 향하고 있기 때문에 같은 방향으로 가져가야 합니다. 손목을 안쪽으로 돌려 가서는 안 됩니다. 백스윙의 중간 단계에서 클럽의 샤프트가 가파르게 들어 올려지는 것을 볼 수 있어요. 스윙 면이 드로샷보다 더 가파르게 만들

실전을 위한 페이드샷 연속 동작

어져야 합니다. 임팩트 순간을 보면 클럽페이스가 열린 상태로 스윙이 되고 있음을 느낄 수 있지요. 무엇보다 중요한 것은 피니시 자세에서의 모습입니다. 페이드샷은 릴리스를 끝까지 가져가면서 좀 더 높은 피니시 자세를 취하는데, 이것이 드로샷과 다른 점입니다."

데이비드 리드베터는 특히 위의 내용을 설명하면서 드라이버의 샷보다 아이언을 이용하기 위해 중요하다고 했다.

"제 생각에 드라이버의 경우에는 조금 더 오른쪽으로 클럽페이스가 향하도록 해야 합니다. 즉, 드로샷을 할 때 클럽페이스가 나아갈 방향으로 향하게 합니다. 제가 해야 할 것은 어깨를 돌리고, 스윙할 때 제 클럽페이스가 저절로 직각으로 돌아 나가게 만드는 것입니다."

3) 드로샷 임팩트 때 클럽페이스 닫아야

반대의 경우도 설명했다.

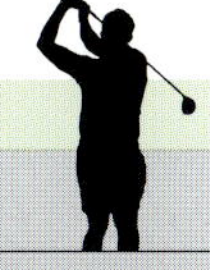

드로샷과 페이드샷의 실전

❶ 드로샷은 피니시를 높게 가져가지 말고 평행하게 유지한다.
❷ 페이드샷은 클럽을 끝까지 릴리스하면서 높게 가져간다.
❸ 드로샷 어드레스 때 클럽페이스는 목표의 오른쪽에 맞추고 임팩트 때 클럽페이스를 닫아 준다.
❹ 페이드샷 어드레스 때 클럽페이스는 목표의 왼쪽에 맞추고 임팩트 때 클럽페이스를 열어 준다.

드로샷과 페이드샷 동작에서 어깨 회전과 샷메이킹의 관계를 설명하고 있다.

"드라이버를 가지고 페이드샷을 할 때 클럽페이스는 목표의 왼쪽으로 조준합니다. 그러고 스윙하면 클럽페이스를 열 수 있죠."

페이드샷 어드레스 때 클럽페이스는 목표의 왼쪽으로 맞추고 임팩트 시 클럽페이스를 열어 준다.

"피니시를 보세요. 그리고 클럽페이스를 보세요. 어깨로 다시 한 번 클럽페이스를 조절했죠. 그게 요점입니다. 연습을 통해 클럽페이스에 대한 감을 익히게 됩니다. 명심하세요. 드로샷과 페이드샷은 결국 클럽페이스를 조절하는 문제입니다. 그래서 클럽페이스를 닫으면 드로가 되고, 클럽을 오픈하면 페이드가 되는 거죠. 제가 이 연습을 좋아하는 이유는 단지 기술적인 문제만은 아닙니다. 누구든지 이 연습을 통해서 느낌으로 스윙하는 것을 배우게 된다는 점입니다. 위에 소개한 실전 드로샷과 페이드샷은 자신의 샷을 다듬을 수 있는 정말 훌륭한 방법입니다."

15 언제나 한결같은 나만의 스윙 패턴을 찾아라

싱글 골퍼가 되기 위한 마인드 컨트롤 및 코스 공략

데이비드 리드베터, 홍희선, 전욱휴(왼쪽부터).

골프 경기에서 마인드 컨트롤은 매우 중요하다. 뛰어난 선수들이 잘하는 데는 그만한 이유가 있다. 이들은 긍정적이며 계획을 세워 실천한다.

타이거 우즈의 경우 그의 승부욕은 대단하다. 보기를 했을 때 다음 홀에서 꼭 버디를 만들고자 한다. 일반적으로 골퍼들이 보기를 하면 또 실수하는 경우와 반대다. 다른 PGA 선수들의 경우 실수했을 때 상대적으로 심리적 부담을 갖는 것과 달리 우즈는 이를 적극적으로 해결한다.

마인드 컨트롤은 연습을 통해 더 잘할 수 있다. 어떤 이들은 선천적으로 긍정적이다. 반대의 경우 조심스러운 성격을 가진 골퍼도 있다. 자신의 장점과 단점을 미리 파악할 필요가 있다. 요즘 선수들은 스포츠심리학을 공부한다. 자신을 파악하는 데 도움이 되기 때문이다. 무엇보다 중요한 건 할 수 있다는 믿음을 갖는 것이다.

이번에는 데이비드 리드베터와 함께 싱글 골퍼가 되기 위한 마인드 컨트롤의 요령과 코스 공략에 대해 알아보자. 세계적인 선수들을 지도한 그로부터 멘털 골프란 어떤 것인지 들어 보았다.

"마인드 컨트롤은 바로 생활 패턴입니다. 단순히 볼을 치기 전의 습관뿐만이 아닙니다. 수면시간, 취침시간, 기상시간, 식습관 등이 포함되지요. 휴식시간, 연습시간, 연습 라운드 시의 플레이, 그룹으로 연습할 때 등을 즐기는 프로들이 있습니다. 하지만 혼자 하는 연습을 선호하는 골퍼도 있습니다. 닉 팔도의 경우가 후자에 해당됩니다."

리드베터는 마인드 컨트롤에 대해 자세히 이야기해 나갔다.

첫째, 젊은 선수들은 노련한 선수들의 조언을 받아야 한다. 노련한 선수들은 심리학에 대한 지식이 있다는 것이다.

둘째, 마인드 컨트롤의 상당 부분은 자신감, 즉 할 수 있다는 확신을 갖는 것이다. 골퍼 자신만의 패턴을 확립하는 것도 자신감 고취에 도움이 된다.

셋째, 정확하고 구체적인 생활 패턴이 중요하다. 세트업 자세를 취할 때 같은 레이업·스윙 한 번에 걸리는 시간이 8초인지, 10초인지, 이 모든 행동이 늘 한결같아야 한다는 것이다.

"골프 코스에서 경기할 때 호흡의 중요성을 깨닫는 사람은 많지 않습니다. 처음 티샷할 때 사람들은 긴장을 하지요. 4, 5언더파일

경우에도 긴장하기는 마찬가지입니다."

그래서 리드베터는 호흡법의 중요성을 강조했다.

넷째, 호흡을 하고 릴랙스하는 법을 숙지해야 한다. 요가 같은 운동은 심신의 긴장 완화에 도움이 된다고 강조했다. 이런 연습은 골프 이외에도 필요하다는 것이다. 실제로 많은 선수가 스윙도 좋고, 볼도 잘 친다. 문제는 스코어가 들쑥날쑥하거나 자신의 기량을 제대로 발휘하지 못하는 경우다. 반면 다른 선수들은 꾸준히 좋은 성적을 내거나 기량을 한껏 뽐낸다. 1라운드에서는 실수해도 2라운드가 되면서 긴장을 풀고 좋은 성적을 내는 프로도 많이 있다. 계속해 반복적으로 문제가 발생한다면 자신의 패턴을 관찰하고 파악해야 한다는 것이다.

다섯째, 항상 편안한 마음으로 자신감을 갖고 긍정적인 마인드를 가져야 한다. 항상 긍정적인 사람들과 가까이하라고 강조했다. 프로 캐디들을 보면 항상 미소를 지으면서 선수들을 대하는 것을 볼 수 있다. 선수가 보기를 했을 때 우울해하는 캐디는 최악이라고 강조했다. 마인드 컨트롤에 실패해 우승을 놓친 선수를 너무 많이 보기 때문이다. 이처럼 골프에서 심리 상태는 큰 영향을 미친다.

여섯째, 골프 코스에서 선수들은 스트레스가 심할 때 경기 진행 속도를 늦출 필요가 있다.

"실제로 프로 선수들은 바르게 스윙하고 이동하며 생각도 빨리 하지요. 하지만 때로는 시간을 내어 심호흡한 후 긴장을 늦추고 스트레칭을 할 필요가 있습니다. 그래야 좋은 판단을 내릴 수 있으니까요. 샷을 한 뒤 내가 왜 이렇게 했을까 후회하기를 원하는 사람은 없을 겁니다. 먼저 자신의 옵션을 체크해야 합니다. '샷을 이렇게도 저렇게도 할 수 있는데 어느 쪽이 더 안전하지? 이쪽이 더 안전하네, 현재 내가 세컨드샷을 리드하고 있으니 안전하게 플레이해야지' 등등이 옵션에 해당하지요."

❶ 벙커에서 정교한 임팩트를 위해 그립을 짧게 잡는다.
❷ 오른손만을 이용한 벙커샷 연습.

골퍼들이 리스크를 감수해야 할 때도 있다는 것이다. 하지만 일단 마음의 결정이 내려지면 끝까지 그 계획을 밀고 나가야 한다고 했다. 리드베터는 마인드 컨트롤에 이어 프로 골퍼들의 코스 공략법을 쉽게 설명했다.

"프로페셔널 골프 매니지먼트를 위해서는 먼저 골프 코스를 살펴봐야 합니다. 그리고 각각의 홀을 레드·그린·옐로로 구별해야 합니다. 레드 홀은 어려운 홀이니 안전하게 플레이해야 합니다. 물론 버디를 낼 수도 있지만 더블보기가 쉽게 날 수 있는 홀입니다. 레드 홀에서 파를 내면 그걸로 충분합니다. 반면 그린 홀은 자신 있게 플레이할 수 있는 홀입니다. 선수들이 홀을 한번 보고는 자신감을 느낄 수 있는 홀로, 홀이 눈에 찬다는 사실이 재미있지요. 그래서 홀을 살펴본 후 자신감이 들면 여기가 내 그린 홀이구나, 버디를 한 번 노려봐야겠다고 판단한 뒤 좀 더 공격적으로 경기에 임할 수 있습니다. 옐로 홀은 주의가 필요합니다. 옐로 홀은 레드 홀이 될 수도, 그린 홀이 될 수도 있기 때문에 조심스럽습니다. 잘 생각해 봐야 해요. 코스 매니지먼트의 핵심은 바로 자신의 장점을 파악하는 겁니다. 잭 니클라우스(미국 프로골퍼. 세계 4대 토너먼트를 석권하여 골프의 제왕이라 불린다)는 피칭샷에 약했지요. 벙커를 넘기는 20야드의 샷을 제일 싫어했습니다. 그래서

그는 이런 샷을 최대한 피해 90~100야드의 장타를 쳤고, 20~30야
드의 샷을 기피했습니다. 항상 100야드로 레이아웃을 했습니다. 그
는 항상 볼을 높이 띄운 다음 칩샷을 시도했습니다. 그게 니클로스
의 전략이지요. 피칭샷에는 자신이 없었기 때문에 되도록 쇼트 피
칭샷을 피하고 자신의 장점인 웨지를 많이 사용했습니다."

코스 매니지먼트라는 건 결국 자신의 게임을 알아 가는 것이다.
원래 드로는 쉽지만 페이드는 어렵다. 만약 특정 홀에서 페이드를
할 필요는 없는데 핀이 오른쪽에 있을 경우 자신이 없다면 그린의
한가운데를 겨냥해 샷을 해야 한다. 때론 홀에서 20피트 떨어지게
볼을 놓는 것도 괜찮다. 자신에게 맞게 게임을 진행하는 것이 중요
하다는 것이다.

짐 매클린
Jim Mclean

짐 매클린은 골퍼에게 가장 효과적인 가르침을 주는 강사로 알려져 있다. 그는 1997년부터 《골프 다이제스트》의 인스트럭션 에디터로 활약하고 있다. 그가 호흡을 맞춘 투어 프로는 톰 카이트, 피터 제이콥슨, 브래드 팩슨, 다니 킹글리, 래니 매티어스, 크리스티 커 등이다. 매클린은 골프 스윙의 연구와 몸의 움직임, 각도, 그리고 위치를 잘 설명해 주는 '엑스팩터(X-Factor)이론'으로 유명하다.

01 볼의 방향은 백스윙 초기에 대부분 결정된다

🏌 8스텝 풀스윙 – 어드레스에서 백스윙까지

짐 매클린을 만나기 위해 웨스트 팜 비치로 향했다. 짐 매클린 아카데미의 본부는 도럴 골프리조트 안에 있었다. 많은 교육생으로 아카데미는 분주해 보였다. 가장 먼저 그에게 골프와 티칭 분야에서의 성공 비결을 물었다. 그는 대학 졸업 후 2년간 프로 생활을 한 후 골프를 가르치기 위해 뉴욕으로 갔다고 했다. 자신이 가르치는 것에 소질이 있는지 알고 싶어서였다는 것이다.

"제 생각에 제가 할 수 있었던 가장 중요한 일은 경기 경험을 바탕

짐 매클린(오른쪽)이 자신의 아카데미를 방문한 전욱휴 · 홍희선(왼쪽부터) 프로에게 8스텝 스윙의 원리를 설명하고 있다.

으로 많은 톱 프로 선수들과 정상의 코치들을 만나는 것이었어요. 그들이 알고 있는 것을 배우고 싶었지요. 결국 여러 사람을 만나 보고, 또 그들이 하는 것을 이해하게 됐죠.”

매클린은 대중 골퍼에게 정통 풀스윙으로 널리 알려져 있다. 골퍼라면 한번쯤은 매클린의 풀스윙 이론을 배우고 싶어 한다. 그만큼 설득력이 있기 때문이다. 매클린의 첫 번째 레슨은 8스텝 풀스윙으로 시작되었다.

“이제부터 8스텝으로 안내하겠습니다. 백스윙에서의 네 가지 과정과 폴로에서의 네 가지 과정으로 이어집니다. 자, 이제 볼을 여기에 놓겠습니다. 제일 먼저 우리가 확인해야 하는 것은 바로 목표의 방향입니다. 그래서 클럽을 앞에 보이는 18번 홀 방향으로 똑바로 내려놓고 제가 볼을 치려고 하는 방향으로 목표 방향을 정하겠습니다. 이 두 번째 클럽은 제 몸의 선과 맞춰 내려놓겠습니다.”

매클린은 무릎·엉덩이·어깨·눈 등 모두를 목표 지점을 향해 수평으로 놓는 정확한 세트업 자세를 강조했다.

“하지만 샘 스니드나 제프 피터백 같은 훌륭한 선수들은 오른쪽으로 방향을 설정합니다. 프레드 커플스, 리 트리비노, 그리고 잭 니클라우스는 오픈 스탠스 자세에서 왼쪽으로 조준합니다.”

매클린은 백스윙 스텝 1의 움직임에 대해 이야기를 시작했다.

1) 백스윙 시작 전에 포워드 프레스로 긴장을 풀고 목표 지점으로 조준한다

“간단하게 설명하기 위해 저는 클럽의 직각 방향으로 스탠스를 잡겠습니다. 매우 재미있는 것은 백스윙에서 스텝 1의 자세가 목표 지점을 향한다는 것인데 대부분의 사람은 이해하지 못하죠. 스텝 1의 움직임은 사실상 몸을 약간 기울이거나 손으로 클럽을 살짝 눌러 주는 것인데, 이것을 시작을 위한 포워드 프레스라고 합니다.”

주의할 것은 시작할 때 자세가 굳거나 얼어붙은 채로 백스윙하지

짐 매클린의 백스윙 초기 과정. 매우 단순해 보이는 초기 과정은 전체 스윙의 흐름을 결정한다.

않는 것인데, 힘이 많이 들어가는 것을 경계하라는 뜻이다. 시작하면 몸을 약간 좌우로 흔들면서 손을 살짝 눌러 주라고 했다. 시작하면서 반드시 목표의 방향을 정하는 것이 필요하다는 것이다.

2) 어깨와 그립, 클럽헤드가 양쪽 어깨의 회전에 의해 한 번의 동작으로 이루어지도록 테이크백한다

일반적으로 선수들은 목표 지점을 두 번 정도 보고 나서 포워드 프레스 자세로 들어간다고 했다. 포워드 프레스 자세를 좀 더 구체적으로 설명해 주었다.

먼저 어드레스 자세에서 상체를 약간 앞쪽으로 기울이고 양 무릎을 살짝 앞쪽으로 눌러 주라고 강조했다. 엉덩이도 앞으로 살짝 움직이는데, 표시 나지 않을 정도여야 한다는 것이다. 세르히오 가르시아나 어니 엘스 같은 선수들은 손으로 약간의 포워드 프레스를 한다고 했다. 가벼운 포워드 프레스가 스윙의 시작을 위한 단계라고

홍희선 프로의 백스윙 초기 과정을 짐 매클린이 바라보고 있다. 스윙의 동작을 뒤쪽에서 관찰하면 골퍼의 몸 자세를 정밀히 관찰할 수 있다고 한다.

이해하라고 했다.

"이제 이 자세에서 백스윙 스텝 1의 움직임으로 클럽을 돌려 보겠어요. 저는 이것이 스윙에서 가장 기초 단계라고 생각합니다. 벤 호건은 그의 유명한 저서에서 이것을 골프 스윙의 첫 단계라고 불렀습니다. 그래서 바로 이 부분이 하나의 움직임이어야 합니다. 저는 이 부분에서 좀 엄격한 편입니다. 왜냐하면 저는 정확한 자세라는 것을 믿지 않기 때문입니다."

3) 클럽헤드가 하늘로 향하는 토업 포지션을 유지한다

"두 번째 포지션은 반쯤 들어 올린 지점입니다. 이것은 아마도 골프 역사에서 가장 오래된 가르침일 것입니다. 약 500년 전부터 가르쳐 온 것이죠. 그리고 이 과정에서 만들어진 클럽헤드의 모습을 가리켜 토업 포지션이라고 부릅니다. 즉, 클럽헤드가 하늘을 향해 있다는 것이지요."

4) 클럽 샤프트가 보디라인과 평행을 유지하도록 한다

잭 니클라우스나 페인 스튜어트를 비롯한 많은 선수는 클럽헤드를 살짝 닫힌 상태에 놓는다고 했다. 짐 매클린은 토업 과정에서 골퍼들이 해서는 안 될 부분이 있다고 했다. 즉, 클럽페이스가 뒤로 넘어가 하늘을 향해 놓이는 것이라고 했다. 왼쪽 팔꿈치와 왼쪽 팔이 오른쪽 팔 위로 돌아 넘어가 클럽페이스를 뒤로 돌아눕게 하는 실수를 한다는 것이다. 이렇게 되면 다운스윙 시 팔을 다시 뒤틀게 되는데 매우 잘못된 결과를 낳게 된다고 했다. 스텝 2에서 중요한 것은 클럽이 제 발 앞을 지나는 선과 평행을 이루게 되는 것을 보게 되는데 이것을 전통적인 포지션이라고 했다.

5) 양팔이 몸의 중심에서 지나치게 앞뒤로 벗어나지 않도록 중심축에 둔다

"하지만 제가 보기에는 약간의 범위를 가지고 있는 세이프티 존(Safety Zone) 내에 있기만 하면 됩니다. PGA투어에서 보면 선수들의 3분의 1 정도는 약간 앞쪽이나 플레인의 아래쪽에 위치시킵니다. 또 다른 3분의 1은 바깥쪽이나 플레인의 위쪽에 둡니다. 그래서 저는 완벽한 클럽 위치를 신경 쓰지 않습니다. 저는 스윙할 때 클럽의 위치를 여유 있는 범위 안에만 두면 된다고 생각하거든요."

"자, 이제 제가 기대하는 것은 바로 몸의 움직임인데요, 여러분의 무게중심을 어디에 두고, 또 몸을 어떻게 움직이느냐 하는 것이지요. 골퍼 여러분이 너무 뒤로 밀어젖히지 않고, 또는 앞으로 기울이거나 너무 아래로 깊이 내리고, 혹은 니무 신 자세를 취하시 않기를 바랍니다."

매클린은 백스윙 과정을 가르치면서 볼을 똑바로 멀리 치기 위해서는 몇 가지 사항을 지켜야 한다고 결론을 내렸다. 볼의 방향은 백스윙 초기에 대부분 결정된다는 것을 강조했다.

8 스텝 풀스윙 – 코킹과 클럽 각도

짐 매클린은 클럽 샤프트가 왼팔과 직각이 되도록 할 것을 강조했다. 백스윙 시에 만들어지는 이러한 과정을 코킹이라고 한다. 코킹은 너무 일찍 만들어지면 어깨의 회전이 덜 이루어져서 실제 비거리가 줄어든다. 반대로 너무 늦게 만들어지면 다운스윙 시에 코킹이 일찍 풀려서 충분한 힘을 볼에 전달하기 어렵다.

짐 매클린 아카데미의 시스템은 인상적이었다. 아카데미의 시스템은 드라이버나 아이언을 치는 롱게임과 퍼팅·치핑·벙커샷 등의 쇼트게임, 그리고 멘털 게임과 매니지먼트 등으로 이루어져 있다. 매클린에 따르면 '좋은 티칭이란 모든 것을 가르치는 것'이다. 골프 스윙은 정상급 선수가 되기 위한 요건의 일부분이며, 좋은 선수가 되기 위해서는 배워야 할 것이 무수히 많다. 골프 스윙뿐만 아니라 치핑·피칭, 그리고 난이도 있는 쇼트게임 등을 완벽하게 소화할 수 있어야 한다. 그러고 난 후에 멘털 게임 교육을 해야 한다.

골퍼들은 적정한 수준의 노력을 해야 한다. 정신적인 게임은 좀 더 나은 선수가 되기 위해 반드시 필요하다. 코스 공략을 위한 매니지먼트가 위의 내용과 조화를 이룰 때 훌륭한 골퍼가 탄생한다. 매클린은 골퍼에게 가장 기초가 되는 풀스윙의 백스윙 과정을 논리적으로 자세히 이해할 때 스윙을 좋은 쪽으로 변화시킬 수 있다고 강조했다.

티를 그립 끝에 꽂아 플레인을 점검한다.

1) 왼팔과 샤프트가 직각이 되도록 한다

"이제 백스윙, 즉 스텝 3으로 가 봅시다.

스텝 3에서는 스윙 플레인에 대한 것을 보여 드리겠습니다. 티를 그립 끝에 꽂아 보겠어요. 클럽을 가지고 목표 방향으로 선을 연장해 뒤쪽에 놓으면 스윙 플레인을 이해하는 데 도움이 됩니다. 여기서부터 페어웨이를 향해 스윙할 때, 즉 클럽이 이렇게 스텝 1, 스텝 2를 지나 스텝 3으로 갈 때 왼쪽 팔과 클럽샤프트는 거의 90도 각도로 'L'자 형태가 됩니다. 이때를 스텝 3이라고 합니다."

2) 왼팔은 지면과 수평이 되도록 한다

골퍼들은 웨지나 쇼트아이언을 가지고 샷을 할 때 좀 더 세우게 되고, 상대적으로 긴 클럽인 드라이버샷을 할 때 크게 살짝 뉘어 세

트업을 하게 된다. 클럽을 사용
하는 기준이 될 수 있는 'L' 자
세를 스텝 3의 체크포인트로 활
용하라. 매클린은 왼쪽 팔이 땅
과 수평을 이룰 것을 강조했다.

3) 톱에서 클럽의 샤프트는 목표 방향과 일직선이 되도록 한다

"골퍼들이 이 과정에서 꼭 살
펴보아야 할 부분이 있습니다.
바로 스윙 플레인입니다. 스텝 3
의 스윙 플레인을 보면 제 클럽
이 'L' 자가 될 때 꽂아 놓은 티
가 어느 쪽을 향하는지 알 수 있
습니다. 제가 생각하는 가장 완
벽한 지점은 타깃 라인 바로 바
깥쪽입니다."

그립 끝부분의 연장선이 타깃
라인의 바깥 선을 향하도록 샤프트의 각을 유지한다.

매클린은 아직도 많은 골퍼가 그립 끝의 티가 발 아래쪽을 향하게
하는데, 이렇게 되면 너무 수직 상태가 되어 가벼운 느낌을 갖게 된
다고 했다. 즉, 스윙의 리듬을 잃을 수 있다는 것이다. 반대의 경우
너무 처지면 클럽이 너무 무겁게 되고 무거워지는 만큼 느린 속도로
스윙하게 된다.

"자 이제는 스텝 4입니다. 스텝 4는 백스윙에서 가장 정상의 위치
입니다. 그래서 샤프트가 저 아래 클럽이 있는 타깃 라인과 같은 선
상에서 평행하게 됩니다. 하지만 어떤 경우에는 뒤쪽으로 처지기도

톱에서 클럽의 샤프트는 목표 방향과
일직선이 되도록 한다.

왼손 등을 이용해서 스윙 플레인을 설명하고 있는 짐 매클린.

합니다. 지나치게 앞쪽으로 넘어오기도 합니다. 재미있는 것은, 훌륭한 선수들에게도 이 세 가지 자세가 모두 나온다는 것이지요. 하지만 골퍼들은 너무 뒤로 기울거나 앞으로 넘어오지 말아야 합니다. 그건 정말 위험한 자세가 된다는 것을 명심해야 합니다."

스윙 플레인은 볼의 방향과 밀접한 관계가 있다. 백스윙 과정에서 왼손 등은 스윙 플레인의 완성된 자세를 반영한다. 왼손 등을 인위적으로 꺾게 되면 전체 스윙 플레인을 제대로 만들어 낼 수 없다.

4) 클럽페이스가 왼손 등과 직각을 이루게 한다

"다음에 우리가 볼 것은 클럽페이스입니다. 이건 정말 중요하기 때문에 클럽페이스가 클럽을 쥐고 있는 왼쪽 손목 윗부분의 연장선 안에서 직각으로 놓여 있는지 보려고 합니다. 또한 우리가 왼쪽 손목을 보는 이유는, 클럽페이스의 토 부분이 아래를 향해 열려 있기도 하고 반대로 하늘을 향해 닫혀 있기도 하기 때문입니다. 이 세 가지 현상이 훌륭한 선수들에게서도 보입니다.

만약 골퍼 여러분이 어드레스에서 매우 강한 그립을 잡고 있다면 톱의 위치에서 좀 더 가볍게 칠 수 있을 것입니다. 반대로 그립이 약하다면 아마도 톱의 위치에서 꺾이게 될 것입니다. 그래서 이것은 레슨에서 많이 가르치는 부분이기도 합니다. 기본적으로 편편한 왼쪽 손목과 톱의 위치에서 클럽페이스를 직각으로 하는 자세가 골퍼가 꼭 노력해야 할 좋은 자세라는 사실을 잊어서는 안 됩니다."

매클린은 다음을 다시 한 번 강조했다.

"너무 많이 뒤로 처지거나 너무 많이 앞으로 넘어오는 것은 위험합니다. 타깃 라인에 거의 맞도록 맞춰야 합니다. 그렇게 되면 여러분은 백스윙 톱에서 좋은 모양을 갖게 될 것입니다."

톱에서 클럽페이스가 왼손 등과 직각을 이루도록 한다.

다운스윙 땐 오른팔 힘 빼고
아래쪽으로 떨어뜨려라

8 스텝 풀스윙 – 다운스윙

짐 매클린은 스텝 5인 다운스윙의 시작
순간을 중요한 전환점으로 강조했다.
매클린(오른쪽)이 전욱휴 프로가 지켜보
는 가운데 시범을 보이고 있다.

골프 스윙에서 가장 어려운 부분은 아마 백스윙 과정일 것이다. 백스윙은 전체 스윙의 흐름을 좌우하기 때문이다. 골퍼들은 늘 일정한 백스윙을 만들고 싶어 한다. 백스윙의 완성까지는 약 1초의 시간이 걸린다. 하지만 초보 골퍼일수록, 나이가 들수록 짧은 1초의 시간에 몸의 움직임은 심할 정도로 크게 나타난다. 결과적으로 볼의 방향과 비거리에 나쁜 영향을 미친다.

백스윙의 완성은 새로운 시작을 의미한다. 다운스윙의 시작을 스윙에서 전환(transition) 과정이라고 한다. 골퍼마다 이러한 과정은 큰 차이가 있다. 백스윙의 과정이 골퍼마다 다르기 때문에 생겨난 결과물이라고 볼 수 있다. 짐 매클린의 8스텝 풀스윙 분석에서 가장 관심이 가는 부분은 바로 스텝 5였다.

도럴 골프리조트 18번 홀의 티잉그라운드에서 매클린은 홀 쪽을 향해 몸을 정렬했다. 풀스윙에서 가장 중요하다는 스텝 5의 과정을 진지하게 설명하기 위해서였다.

"여러분이 백스윙의 톱에서 좋은 자세를 가졌다고 해서 당장 좋은 샷을 한다는 뜻은 아닙니다. 정말 중요한 동작은 이동 과정에서 만들어집니다. 클럽을 열고 치는 선수는 임팩트 때 클럽을 직각으로 만들 수 있습니다. 클럽을 닫고 치는 선수가 임팩트 순간에 클럽을 직각으로 만드는 방법은 다를 수 있습니다. 하지만 저에게 가장 중요한 동작은 다운스윙 때 클럽이 내려오기 시작하는 순간입니다."

매클린은 스텝 5에서 스윙의 결론을 이야기하는 느낌을 주었다. 좀 더 자세한 다운스윙의 동작을 시범과 설명으로 이어갔다. 다운스윙 초기에 약간 앉거나 어깨를 열지 않고 직각 상태로 취하는 동작이라고 설명했다. 즉, 클럽의 자세가 바뀌면서 떨어지는 시기라는 것이다.

매클린의 설명은 진지했다. 골퍼들에게 중요한 사실을 알리고 싶어 한다는 느낌을 강하게 받았다.

"클럽이 올바른 경로로 떨어져야 하는 곳은 여러분의 발 아래쪽 선상이 아닙니다. 그러면 여러분은 실패할 것입니다. 스윙을 수직으로 가져간다면 골퍼들은 약간 뒤쪽으로 움직이게 됩니다. 많은 훌륭한 선수가 하는 동작이지요. 즉, 약간 아래로 휘두르면서 클럽을 밑으로 떨어뜨립니다."

1) 다운스윙 시 오른쪽 팔꿈치를 몸에 붙이고 클럽페이스를 직각으로 유지한다

다운스윙 시 오른쪽 팔꿈치를 몸에 붙인다.

매클린은 많은 골퍼가 다운스윙 초기에 오른팔에 힘이 많이 들어간다고 지적했다. 힘이 들어간 오른팔은 스윙의 방향을 바꾸어 놓기 때문에 스윙의 리듬과 볼의 방향을 망치게 된다는 것이다. 골퍼들이 다운스윙 초기에 확인해야 할 것을 강조했다. 오른쪽 팔꿈치가 몸쪽으로 가까이 접근되어서 진행되는지, 그리고 클럽페이스가 스퀘어 상태를 이루면서 진행되는지 살펴야 한다고 했다. 만약 클럽페이스가 너무 아래로 처지게 되면 큰 문제가 발생한다고 했다. 코킹이 너무 일찍 풀려 심한 뒤땅을 치는 원인이라는 것이다. 너무 활짝 열려 있으면 볼이 오른쪽으로 휘어지는 슬라이스가 발생한다는 점도 지적했다.

다운스윙 시 체중 이동은 대각선으로, 엉덩이는 목표 쪽으로 약간 수평 이동 한다.

2) 다운스윙 시 체중 이동은 대각선으로, 엉덩이는 목표 쪽으로 약간의 수평 이동을 한다

매클린은 스텝 5에서 골퍼들이 볼을 치기 전에 어느 쪽으로 날아가게 될지 알 수 있다고 했다. 비디오 스윙 분석을 통해 얻어진 오랜 세월의 경험이라고 생각했다. 매클린은 다운스윙 초기에 중요한 체중 이동의 현상도 시범을 보이면서 설명을 이어갔다.

다운스윙 초기에 골퍼들의 올바른 체중 이동은 왼쪽 대각선으로 진행된다. 반면 엉덩이는 목표 쪽으로 수평 이동이 이뤄진다. 골퍼들은 발바닥과 다리에 의해 다운스윙이 시작된다는 것을 느끼게 된다.

다운스윙 초기에 엉덩이가 목표 쪽으로 이동되는 정도는 매우 작지만 무척 중요한 자세라는 설명이다.

3) 다운스윙 초기에 머리의 위치는 어드레스 때보다 살짝 뒤쪽에 놓인다

다운스윙 초기에 골퍼들의 머리 부분 움직임에 대해서도 이야기했다. 다운스윙이 시작됨과 동시에 대부분의 골퍼는 머리도 목표 쪽으로 따라간다. 하지만 다운스윙 초기에 머리의 위치는 어드레스 때보다 약간 뒤쪽에 놓여야 한다.

다운스윙 초기에 머리의 위치는 어드레스 때보다 살짝 뒤쪽에 놓이고 오른발 뒤꿈치는 지면으로부터 서서히 들리기 시작한다.

매우 빠르게 진행되는 다운스윙은 임팩트까지 약 0.2초 내외로 이루어진다는 점에서 볼 때 매클린의 설명은 자세하면서도 섬세했다. 특히 눈에 띄는 설명이 있었다. 다운스윙 초기에 오른발 뒤꿈치의 모습이었다. 매클린의 설명은 다운스윙 초기에 오른발 뒤꿈치는 땅에서 약간 들리기 시작한다는 것이다. 이 부분은 필자가 8년 전부터 많은 국내 프로 골퍼와 아마추어 선수를 상대로 가르쳐 온 내용과 차이를 보였다. 오랫동안 미국 PGA의 교육과정과 국내 골퍼들의 레슨 사이에 상당 부분 차이를 보인 것이기도 했다.

오른쪽 발바닥을 들지 말고 다운스윙을 하라고 배웠다고들 했다. 즉, 몸 전체가 아닌 상체의 움직임에 의한 스윙이 국내 골퍼들 사이에 정설처럼 통하고 있었다. 하지만 요즈음은 새로운 교육의 도입과 언론 및 매스컴에 의한 교육에 의해 많은 골퍼가 예전처럼 오른발을 땅바닥에 고정시켜 하는 다운스윙은 사라져 가고 있다.

톱에서 다운스윙으로 이어지는 짐 매클린의 아이언샷 모습.

8 스텝 풀스윙 – 임팩트

짐 매클린의 톱 동작과 다운스윙의 중간 과정. 체중이 왼발로 이어지는 것을 관찰할 수 있다.

많은 골퍼가 이야기한다. "저 사람은 스윙이 매우 이상해 보이는데 볼은 잘 친다"고. 이러한 경우는 아마추어 골퍼뿐 아니라 프로 가운데도 적지 않다. PGA투어의 강자 짐 퓨릭을 생각해 보라. 왕년의 세계 랭킹 1위 데이비드 듀발도 스윙이 좋아 보이지는 않았다. 시니

어 투어에서 활약하는 리 트리
비노의 백스윙 과정을 보면 따
라 하고 싶다는 생각이 들지 않
는다. 하지만 트리비노의 다운
스윙은 다들 배우고 싶어 한다.

스윙이 이상해 보이는 수많은
PGA 선수의 모습에서 가장 유
사해 보이는 부분이 바로 임팩
트 순간이다. 올바른 임팩트 없
이는 볼의 방향과 비거리를 지
켜 낼 수 없다.

훌륭한 임팩트는 어떤 것인
가. 먼저 클럽페이스는 직각을
유지해야 한다. 올바른 클럽헤
드의 진행에 따라 접근되어야

임팩트 순간에 양손은 클럽헤드보다 평
균 10cm 정도 앞서게 된다. 이러한 동
작을 레이트 히팅(late hitting)이라고
한다.

한다. 임팩트 순간 볼은 클럽페이스의 중심인 스위트스폿에 정확히
가격되어야 한다. 사실은 보기 플레이어도 다 아는 내용일 것이다.

자, 이 같은 점들을 '기본기' 라고 생각하고 짐 매클린의 도움을
얻도록 하자. 다운스윙의 과정과 얼마 만큼 연관성을 가지고 임팩
트에 대해 설명해 가는지 유의하자. 가장 어렵다는 임팩트 순간의
모습을 매클린이 어떻게 논리적 언어와 몸동작으로 표현해 가는지.

매클린은 오른발에 대한 언급으로 임팩트 설명을 시작했다. 스텝
6에서 체중 이동을 오른발 뒤꿈치의 움직임으로 설명한 것이다.

"임팩트할 때 재미있는 점은 오른쪽 힐이 발 앞부분을 조절하는
것입니다. 골퍼들이 오른발 뒤꿈치 부분을 몸 앞쪽으로 들어서 돌
려 간다면, 이러한 자세는 양어깨로 스윙을 만들었다는 좋지 않은
뜻입니다. 하지만 힐을 들어 왼쪽 중심으로 이동해 간다면, 왼쪽 다

리 쪽으로 체중을 옮겨 간다는 뜻이지요. 그래서 임팩트 순간 엉덩이가 평소보다 훨씬 더 왼쪽으로 이동되는 것을 알 수 있습니다."

1) 임팩트 시 왼쪽 엉덩이 쪽으로 무게중심을 이동시킨다

매클린은 임팩트할 때 두 손의 위치를 설명했다. 먼저 임팩트에 대한 아마추어 골퍼의 잘못된 생각을 지적했다. 아마추어 골퍼는 임팩트 순간 두 손을 처음의 어드레스 자세로 옮겨 온다고 했다. 이러한 모습은 잘못된 톱 동작에서 코킹이 풀려 만들어진 결과라고 보는 것이다.

임팩트 시 왼쪽 엉덩이로 무게중심을 이동시킨다.

2) 임팩트 시 두 손의 위치는 어드레스보다 10cm 정도 왼쪽에 놓인다

올바른 임팩트 순간 두 손은 처음 어드레스 자세 때보다 앞쪽에 놓이게 된다는 것을 강조했다. 톱의 위치에서 만들어진 코킹을 끝까지 끌고 내려온 모습을 연상하게 했다. 모든 아이언샷을 할 때 엉덩이를 살짝 내리면서 체중 이동을 하면, 클럽의 샤프트는 볼보다 약간 더 앞으로 나아간 상태에서 임팩트된다.

3) 3, 4번을 제외한 아이언샷은 볼이 중앙 쪽에 놓이도록 한다

두 손의 위치가 왼쪽에 놓인 상태에서 임팩트될 때 가장 멀리 볼을 보낼 수 있는 볼의 위치는 생각보다 좀 더 오른쪽에 놓여야 한다. 미들아이언으로 볼을 칠 때 지나치게 왼쪽에 있으면 매우 치기 어렵다. 많은 아마추어 골퍼가 볼을 왼쪽에 놓고 치는데, 매클린은 3, 4번을 제외하고는 중앙 쪽에 놓고 샷을 하는 것이 최대의 비거리와 방향을 지키는 데 도움을 준다고 했다.

4) 임팩트 시 두 어깨의 라인은 타깃 라인과 직각을 이루도록 한다

임팩트 순간 두 어깨의 방향 또는 어깨의 선이 잘못된 골퍼가 많다. 임팩트 순간 두 어깨의 선은 타깃 라인과 거의 직각이 되거나 약간만 열려야 당겨 치는 풀샷, 풀슬라이스, 풀훅의 문제점을 극복할 수 있다.

5) 임팩트 순간 체중은 대부분 왼발 쪽으로 실린다

매클린은 임팩트 순간 절대 잊어서는 안 될 부분은 체중이 놓인 부분이라고 했다.

임팩트 순간 체중이 왼발에 충분히 실리지 않으면 당겨 치는 풀샷 또는 오른쪽으로 날아가는 푸시볼이 나온다고 했다. 특히 롱아이언 임팩트 순간에는 오른발 뒤꿈치가 지면에서 상대적으로 빠르게 들리고 오른쪽 무릎도 몸의 중심 쪽으로 신속히 이동된다고 했다. 즉, 빠른 체중 이동이 롱아이언에서 발생된다는 것을 강조했다.

매클린은 마지막 팁으로 많은 싱글 골퍼나 프로가 궁금해하는 임팩트 순간 몸의 높낮이에 관해 설명했다. 임팩트 순간 세계적 PGA 톱클래스의 선수들은 몸이 약간 일어난다고 했다. 매클린은 그 이유를 "파워를 얻기 위한 현상"이라고 설명했다. 즉, 임팩트 순간 왼쪽 어깨를 들어 올리면서 헤드 스피드를 빠르게 만들기 때문에 생기는 현상이라는 것이다.

임팩트 순간 체중은 대부분 왼발에 실린다.

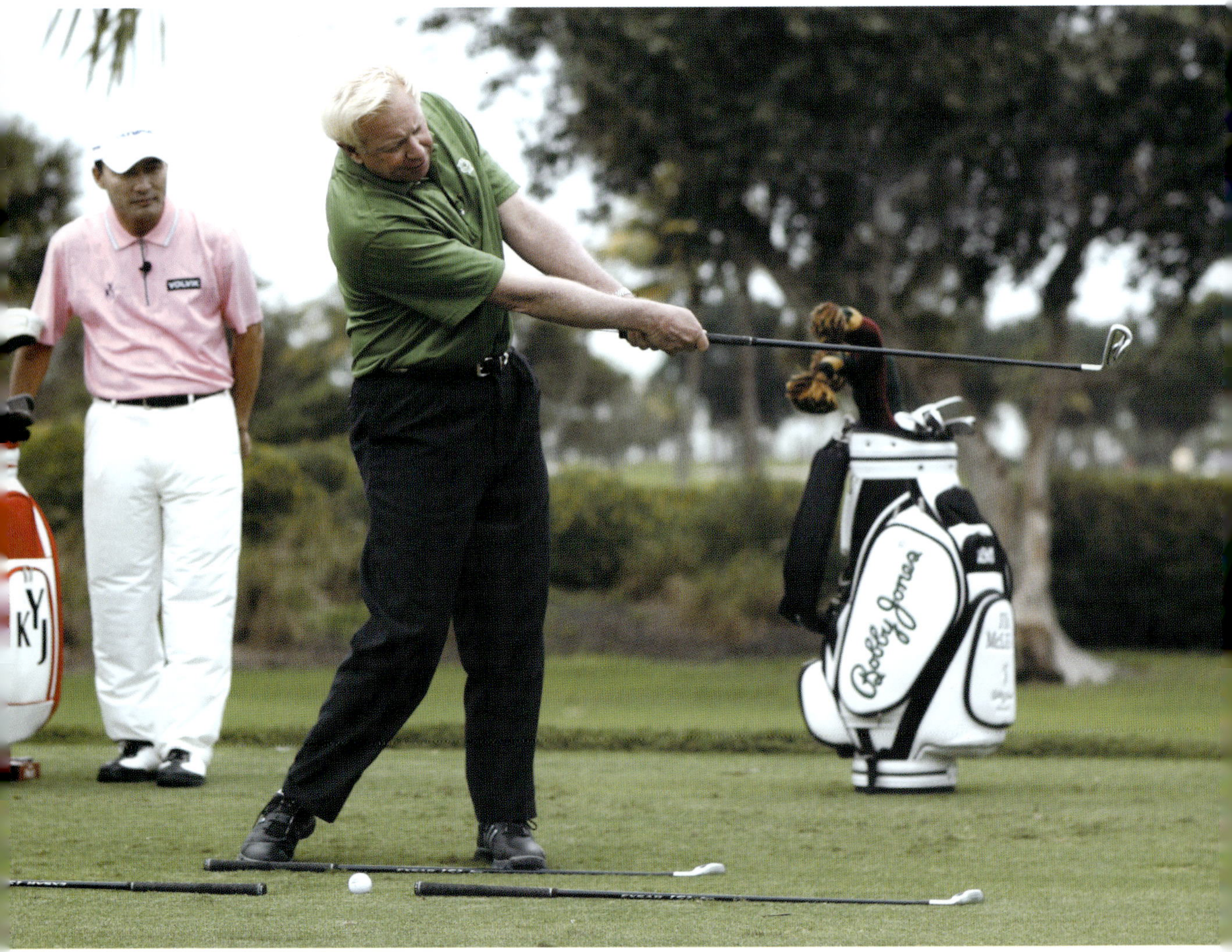

아마추어 골퍼들이 프로의 샷을 보면서 부러워하는 부분이 있다. 바로 '볼이 살아 간다' 는 느낌이다. 느린 듯하면서도 오랫동안 날아 가는 느낌을 받는 것이다.

장타를 치는 프로들의 타구는 날아가다가 한 번 더 떠올라 간다. 탄도를 한 번 더 만들어 볼을 보내기 때문에 나타나는 현상이다. 이러한 현상은 임팩트 이후 폴로의 초기 과정에서 설명할 수 있는 부분이다. 아마추어들은 또 언제나 일정한 볼의 방향성을 만들어 가는 프로 골퍼들을 부러워하고 따라 하고 싶어 한다. 방향성이 뛰어난 PGA 선수들의 모습에서 골퍼들은 피니시 동작의 중요성을 배울 수 있다.

짐 매클린은 풀스윙의 여덟 단계 가운데 아마추어 골퍼들이 가장 궁금해하는 기술적인 릴리스와 균형 잡힌 멋진 피니시 자세를 설명했다. 그는 스윙의 마무리 단계인 스텝 7과 스텝 8은 전체 스윙의 '요점 정리' 가 될 수 있다고 강조했다. 올바른 스윙의 진행 없이는 폴로 단계에서 릴리스와 균형 잡힌 피니시를 할 수 없다고 말했다.

1) 폴로는 타깃 선상이 아닌 인사이드 방향으로 진행한다

"자, 이제 스텝 7을 설명하지요. 임팩트 이후 폴로의 초기 단계를 말합니다. 먼저 골퍼들의 엉덩이가 올라가면서 일어서게 됩니다. 이때 오른쪽 엉덩이도 분명히 들립니다. 제가 여기서 바라는 것은 조화입니다."

스윙의 조화로움은 백스윙의 중간 과정에서와 같이 폴로의 중간 과정에서도 조화를 이루어야 가능하다는 설명이었다. 백스윙의 중간 과정에서 양손이 목표 반대 선상보다 살짝 안쪽으로 이동되는 것처럼, 임팩트 이후 폴로의 중간 단계에서 양손의 진행은 타깃 선상이 아닌 안쪽 방향으로 진행돼야 한다는 것이다.

폴로는 타깃 선상이 아닌 인사이드 방향으로 진행한다고 짐 매클린이 설명하고 있다. 임팩트 이후 폴로의 중간 단계에서 양손의 진행은 타깃 선상이 아닌 안쪽 방향으로 진행돼야 한다.

2) 몸이 회전할 때 왼팔이 백스윙에서 임팩트·폴로까지 180도 회전이 되도록 한다

"제가 보여 주려는 것은 또 다른 타깃 라인입니다. 골퍼 여러분 발 앞에 놓인 선상에 해당되는 타깃 라인입니다. 발 앞 선상의 연장선인 이 선을 따라 실제로 스윙을 해야 합니다. 하지만 골퍼 여러분은 마치 원래의 타깃 라인으로 스윙하는 기분을 갖게 됩니다."

매클린은 양발 앞쪽에 놓인 평행선을 따라서 릴리스해야 한다고 설명했다. 올바르게 완성된 릴리스 자세에서 볼 수 있는 부분도 강조했다. 즉, 클럽헤드의 토 부분이 하늘 쪽으로 올라와 있어야 한다는 것이다. 스윙이 진행되는 과정에서 몸은 회전하게 되는데 이때 왼팔이 백스윙에서 임팩트·폴로까지 180도 회전이 되도록 해야 한다고 했다.

3) 폴로의 진행 과정에서 그립의 끝부분은 몸 쪽을 향한다

매클린은 아마추어들이 잘못 생각하는 폴로에 대해서도 지적했다.

"아마추어 골퍼들은 타깃 라인을 따라 스윙하면서 팔을 지나치게 뻗습니다. 몸은 멈추고 팔로만 뻗어 내는 것이지요. 즉, 스윙을 하면서 임팩트 순간 이후 팔로만 볼을 치게 되고 너무 많이 뻗게 되는 것이지요. 훌륭한 **PGA** 선수들은 릴리스할 때 클럽이 서클 안에서 움직이면서 왼쪽 뒤쪽으로 올라가게 됩니다. 이때 그립의 끝부분이 몸 쪽을 향하지요."

4) 무게중심을 왼쪽 다리로 이동시키고 시선은 목표 지점을 향한다

매클린은 폴로 과정에서 골퍼들에게 중요한 당부를 했다. 대부분의 골퍼는 임팩트 때 머리를 고정해야 한다는 생각 때문에 임팩트 이후에도 머리의 위치를 고정하려 한다는 것이다. 하지만 충분히 볼을

임팩트 이후부터 스윙은 왼팔이 아닌 오른팔에 의해서 주도된다. 임팩트 이후에도 왼손과 왼팔에 힘이 정도 이상으로 실리면 피니시 과정에서 오른쪽 어깨가 많이 들리게 된다. 즉, 볼은 대부분 푸시 슬라이스가 된다.

멀리 보내기 위해서는 얼굴의 시선도 볼을 따라가야 한다고 했다.

5) 피니시 자세를 바로 풀지 말고 클럽을 어깨에 걸치고 스윙을 평가한다

마지막으로 피니시에 대한 설명이 이어졌다. "많은 선수가 피니시 때 클럽을 목 위에 걸쳐 두었다가 내립니다. 저는 이것을 '리바운드(rebound)'라고 부릅니다. 타이거 우즈는 스윙을 하고 난 후 이렇게 클럽을 돌려서 내리고는 쳐다보는 것으로 유명합니다."

매클린은 피니시 동작에서 균형 있는 자세가 중요하다고 강조했다. "만약 골퍼들이 균형을 잡은 상태에서 피니시 자세를 할 수 있고, 왼쪽 다리로 중심을 잡고 허리를 편 채 서 있을 수 있다면 훌륭한 피니시 자세라고 할 수 있어요. 스윙을 하고 볼을 친 뒤에 볼이 어디로 갔는지 생각하면서 균형을 잡아 보세요. 이러한 자세는 여러분이 점수를 줄여 나가는 데 지름길이 될 것입니다."

❶ 폴로의 진행 과정에서 그립의 끝부분은 몸 쪽을 향한다. 짐 매클린이 그립의 끝에 티를 꽂고 손가락을 가리켜 설명하고 있다.
❷ 폴로 과정에서 얼굴의 시선은 볼을 향하도록 한다.

● 슬롯스윙

짐 매클린이 백스윙 톱에서 다운스윙으로 들어올 때의 클럽 진입 각도를 설명하고 있다(슬롯스윙).

골프에서 가장 중요한 스윙 과정은 무엇일까? 설문조사 결과에 따르면 '톱에서 임팩트로 진행되는 과정' 이다. 골프 서적이나 연구 자료를 살펴보면 슬롯(slot)이란 단어가 많이 눈에 띈다. 슬롯의 사전적인 뜻은 '좁은 길' 또는 '자취' 다. 골프 스윙에서 슬롯은 톱에서 임팩트로 이어지는 과정이다. 즉, '임팩트로 이어지는 가장 이상적 스윙의 길' 이다.

그러므로 슬롯은 모든 골퍼가 좋은 샷을 하기 위한, 또한 볼을 멀

짐 매클린이 톱에서 임팩트로 이어지는 가장 이상적인 스윙의 초기 동작을 보여 주고 있다.

리 보내기 위한 정도(正道)인 셈이다. 적어도 싱글 핸디캡을 꿈꾸는 골퍼라면 슬롯에 대해 관심을 가질 수밖에 없다. 짐 매클린은 슬롯에 대해 많은 연구를 한 지도자다. 그는 여러 유형의 슬롯에 대해 발표했다. 자신의 아카데미에서도 슬롯에 대해 중요하게 가르치고 있다.

"저는 연구를 통해 어떻게 하면 슬롯의 과정에 들어갈 수 있는지, 혹은 슬롯에 들어가는 가장 쉬운 방법이 무엇인지 알아내려고 노력했습니다. 그래서 저는 세 가지 유형의 슬롯을 확인하게 되었죠."

매클린의 세 가지 슬롯 유형은 다음과 같다.

① 밖에서 떨어져 들어오는 슬롯스윙
② 안쪽에서 넘어 들어오는 형태의 슬롯스윙
③ 곧장 뒤로 뺐다가 다운되는 슬롯스윙

세 가지 슬롯의 공통점은 다운스윙을 좁혀서 진행되거나, 스윙이 내려오면서 샤프트의 위치가 바뀌게 된다는 것이다. 다운스윙을 할 때 샤프트를 몸 쪽으로 가까이 붙여야 하기 때문이다. 짐 매클린 아카데미에서 강조해 가르치는 내용은 백스윙을 직선으로 뒤로 뺐다가 다운스윙에서 똑같은 경로를 따라 직선으로 내려오면서 스윙을 좁히는 것이다.

1) 백스윙 시 클럽을 좀 더 바깥쪽으로 진행시켜 안쪽으로 가져오는 슬롯스윙

"가장 일반적인 슬롯스윙은 세르히오 가르시아나 리 트레비노와 같은 훌륭한 선수들이 쓰는, 안쪽 트랙을 지나가는 슬롯스윙입니다. 이 방법은 백스윙을 할 때 클럽이 좀 더 바깥쪽으로 나가는 것이지요. 조금 더 수직으로 가고 더 올라갑니다. 프레드 커플스가 이렇게 백스윙에서 클럽이 수직으로 가는 또 다른 선수일 겁니다. 그리고 다운스윙을 할 때는 눈에 띌 정도로 떨어집니다. 이러한 과장된 슬롯을 쓰는 많은 수의 선수들은 어느 정도 왼쪽으로 벗어나게 스윙을 합니다.

2) 클럽헤드를 뒤로 누이고 안쪽에서 돌아 나오는 다운스윙의 슬롯스윙

"또 다른 유형의 슬롯스윙을 소개하지요. 클럽이 백스윙을 할 때 좀 더 높이 바깥쪽으로 올라가는 경우입니다. 손이나 팔이 아닌 클

럽의 샤프트가 올라가는 것을 말합니다. 그리고 클럽 샤프트가 뒤
로 많이 떨어지게 되는 것이지요. 닉 프라이스나 닉 팔도의 스윙을
보면 많이 뒤로 넘어가는 것을 알 수 있습니다. 이렇게 클럽이 높이
올라가도 다운스윙 시 안쪽에서부터 돌아 나오는 형태의 스윙을 하
는 것이지요."

3) 반원을 그리듯이 인사이드–임팩트–인사이드로 진행되는 슬롯스윙

"또 하나의 다른 유형은 볼을 페이웨이 직선으로 치기 위한 겁니
다. 클럽을 안쪽에서 임팩트를 향해 어택 트랙 방향으로 내려오게
하는 것이지요. 이것은 좀 과장되긴 하지만 직선으로 내려오는 위
치에서 볼을 치게 됩니다. 즉, 볼을 직선으로 날리기 위해 볼 안쪽을
칩니다. 볼을 친 다음에 클럽이 다른 쪽으로 돌아 나가기 때문이죠.
그래서 인사이드 어택 트랙이 있습니다. 이렇게 하기 위해 사실상
왼팔과 샤프트가 거의 직선이 되게 만듭니다. 백스윙에서 클럽을
더 뒤로 빼는 것이지요."

매클린은 슬롯스윙이 골퍼들에게 얼마나 중요한지 거듭 강조했다.

백스윙이 돌아가는 경로를 따라 이렇게 그대로 다시 내려오는 것
이 중요하다는 것이다. 실제로 완벽한 백스윙은 완벽한 다운스윙을
만든다. 다만 슬롯 상태에서 스윙할 때의 차이점은 오른쪽 팔꿈치
를 좀 더 붙여 클럽을 내려야 한다는 것이다.

슬롯스윙을 쉽게 이해하기 위해 골퍼들은 슬롯스윙에서는 백스
윙의 경로를 따라 내려오는 것이 아니라 좁혀서 내려와야 한다는
것을 명심해야 한다. 백스윙에서 클럽은 있어야 할 자리에 두는 것
이 중요하다. 완벽한 플레인상에 두어야 하며 내려올 때 똑같은 자
세로 내려오도록 하되 조금 좁혀 슬롯 안에서 있도록 해야 한다는
것이다.

슬롯스윙의 기억 요령

❶ 가장 이상적인 슬롯스
윙은 백스윙과 다운스윙의
각도 편차가 적게 인사이
드 어택 트랙을 만드는 것
이다.

❷ 백스윙 시 클럽을 살짝
바깥쪽으로 리드하고 안쪽
으로 돌아 나오는 다운스윙
을 한다.

❸ 다운스윙 시 다리를 먼
저 회전시키고 샤프트를 몸
에 붙여 스윙한다.

❹ 다운스윙 시 샤프트는
지면과 45도 각도를 유지
한다.

❺ 클럽헤드가 가장 늦게
임팩트를 통과하도록 지체
시켜 코킹파워를 싣는다.

❻ 임팩트 시 볼의 안쪽 방
향을 치고 다시 인사이드로
폴로를 한다.

07 스스로 게임을 만들어 연습하라

중압감을 이겨 내는 퍼트 연습

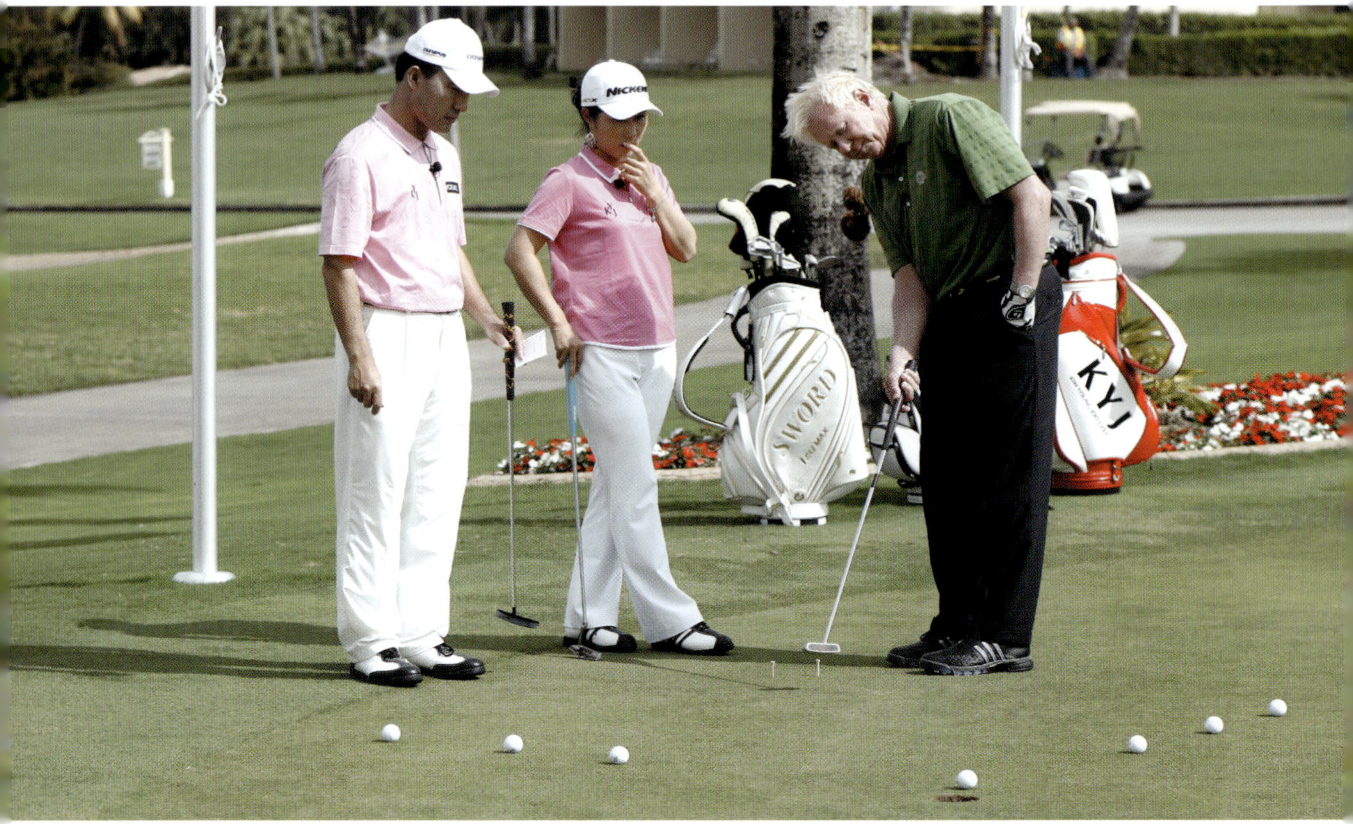

짐 매클린이 타이거 우즈가 한다는 한 손 스트로크에 의한 퍼트를 소개했다.

골프 훈련은 경쟁 속에서 더 효과적일 수 있다. 집중력을 향상할 수 있고 실전에서의 중압감을 극복하는 예비 훈련이 될 수 있다. 골프 경기에서 가장 중압감을 느끼는 부분은 그린 위에서의 퍼팅이다. 중요한 퍼팅 상황에서 느끼는 중압감은 겪어 본 골퍼만이 알 수 있다. 2~3m 거리에서 퍼팅의 평상시 성공률이 70~80%에 달하고, 자신감을 가졌다 하더라도 심한 중압감 속에서는 몸이 굳는다. 플로리다 도럴 골프리조트 바로 앞에 위치한 훈련용 그린에서 중압감 극복을 위한 퍼팅 연습법을 찾아봤다.

"먼저, 가장 편안한 세트업 자세를 만듭니다. 상체를 숙여 양팔이 어깨에 매달려 있다는 느낌을 가져야 합니다. 중압감을 이겨 낼 수 있는 준비 자세지요. 자, 그럼 먼저 집중력을 향상하고 중압감도 이겨 낼 수 있는 연습법을 소개하지요. 먼저 그린 위 홀을 중심으로 볼을 놓아 보겠습니다. 십자 모양으로 홀을 기준해 1.5m, 2m, 2.5m에 놓았습니다. 한 방향으로 놓인 볼을 차례로 퍼팅하고 그다음에 놓인 볼을 퍼팅해 가는 방법입니다. 몸의 정렬선을 덜 바꾸면서 스트로크를 하기 때문에 거리감과 집중력만을 필요로 하게 됩니다. 이러한 방법이 익숙해지도록 충분한 연습을 한 후 좀 더 난이도를 높입니다. 홀에서 가장 가까운 거리, 즉 1.5m 거리에 놓인 볼을 퍼팅하고 시계 반대 방향으로 돌면서 퍼팅해 나가는 방법입니다. 그리고 다시 같은 방법으로 2m, 2.5m 거리의 퍼팅을 차례로 해 나갑니다. 매 순간 몸의 정렬선이 다를 수 있습니다. 그린의 경사도 살펴야 합니다. 처음부터 차례로 진행하면서 어느 볼 하나라도 놓치게 되면 다시 시작하는 것입니다. 부담을 가지면 가질수록 게임이 어려워집니다. 쉬운 위치부터 중압감을 서서히 극복해 가면서 끝까지 도전해 보세요."

짐 매클린은 이 연습을 하면서 양손의 느낌을 다르게 가져 보라고 강조했다. 즉, 왼손으로만 퍼팅을 한다는 느낌으로 왼팔 위주의 스트로크를 해 보고, 다시 오른팔 위주로 스트로크를 해 보면서 어느 쪽이 좀 더 편한지 확인하라고 했다. 잭 니클로스는 오른팔로 퍼팅을 하는 대표적 선수라고 했다. 왼팔은 그냥 가볍게 얹어 놓고, 힘을 뺀 다음 오른팔로 퍼팅을 한다고 했다. 두 손으로 퍼팅을 하려고 할

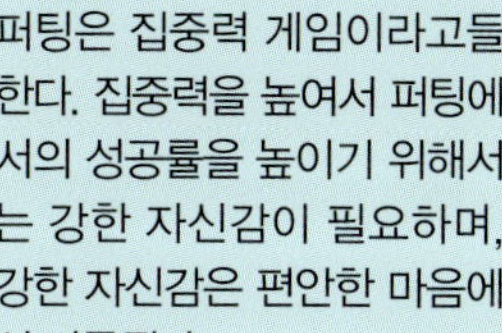

때는 마치 골퍼들이 뇌 양쪽을 모두 사용하는 것과 같아 초보 골퍼들에게는 어려울 수 있다고 했다.

① 홀을 중심으로 1.5m~2.5m 거리의 십자 방향에 볼을 3개씩 12개 놓는다.
② 차례로 쳐 가되 실패하면 처음부터 다시 시작한다.
③ 마지막으로 갈수록 더해 가는 몸의 긴장을 푸는 연습을 한다.
④ 편한 한쪽 손에 회전 중심을 둔다.

"이번에는 퍼터헤드를 한 손으로 자연스럽게 릴리스하는 연습을 소개하지요. 저는 오랜 기간 브래드 팩슨과 레니 마티아스를 지도했습니다. 두 사람 다 훌륭한 퍼팅을 하는 선수지만 방법이 다르죠. 레니는 짧은 퍼터로 퍼팅을 하는데 시계추에 가까운 퍼팅을 합니다. 그래서 왔다 갔다 하는 식의 스트로크를 하는데, 똑바로 뒤로 갔다가 똑바로 내려오는 식이죠. 브래드 팩슨은 공을 몸에서 좀 더 멀리 떼어 놓고 퍼팅을 하는데 퍼터를 타이거 우즈처럼 릴리스합니다. 여러분도 자신에게 맞는 스타일을 찾아내야 합니다.

퍼터헤드를 릴리스하는 방법을 알려드리기 위해서 우즈가 사용하는 방법을 보여 드리겠습니다. 이건 조금 더 먼데요, 2.1m피트 정도 되는 거 같습니다. 타이거는 1.8m 정도에서 하거나 가끔 홀까지 1.5m 거리에서 합니다. 하지만 그는 2개의 티를 공에 매우 가까이 꽂아 놓습니다. 퍼터가 이 두 개의 티 사이에 겨우 들어갈 정도로 놓는 거죠. 그는 두 개의 티 사이를 겨냥해 스트로크를 합니다. 그런데 어려운 점은 그가 한 손만으로 한다는 거죠. 나는 그가 한 번에 20번, 30번, 40번씩 하는 것을 봤습니다. 한 손으로 말입니다. 하지만 한 손으로 퍼팅을 하게 되면 릴리스를 멈출 수 없고 매번 퍼팅할 때마다 릴리스를 잘해야 합니다. 그게 그가 하려는 것이라고 생

퍼트 연습 도중에 실패하면 다시 시작한다. 여러 개의 볼을 홀 주변에 나열하고 연습하는 퍼팅 연습은 몸의 정렬선의 중요성을 느끼게 한다.

각합니다."

　매클린은 게임을 만들어 연습하는 것이 효과적이라고 했다. 한 번에 10개의 볼 또는 20개의 볼을 쳐 보라고 했다. 그리고 만약 양쪽에 세워 둔 티를 살짝이라도 치게 되면 처음으로 다시 돌아가라고 했다. 약간의 경쟁을 유도하는 방법이다.

① 홀에서 1.5m 거리에 공을 놓는다.
② 공 앞에 퍼터가 지나갈 만한 간격으로 2개의 티를 꽂는다.
③ 2개의 티 사이로 퍼터가 지나가게 한 손으로 퍼팅한다.
④ 한 번에 20~30번을 연속으로 치고 티를 건드리면 원점으로 돌아간다.

짐 매클린과 전욱휴 프로가 퍼팅에 대해서 다양한 이야기를 주고받고 있다.

08 장타 비결은 체중 이동과 몸의 회전

 엑스팩터(X-factor)

짐 매클린이 자신의 스윙이론인 엑스팩
터를 홍희선 프로에게 설명하고 있다.

짐 매클린에 의해 소개된 엑스팩터라는 단어는 장타를 추구하는 골퍼들에게 오랫동안 관심의 대상이었다. 1992년에 소개된 엑스팩터는 스윙 때 몸의 역할에 관한 것이다. 매클린은 골프에서 힘의 원천인 신체의 역할을 강조했다. 그는 꾸준히 체중의 이동과 몸의 회전 동작에 대해 설명해 왔다.

매클린의 엑스팩터는 백스윙 톱에서의 동작을 설명한다. 백스윙할 때 어깨의 회전과 엉덩이의 회전 각도를 비거리의 직접적인 원인으로 강조한다. 어깨와 엉덩이 회전각의 큰 차이가 샷의 비거리를 만드는 데 중요하다는 것이다. 각도를 크게 만들어 낼수록 몸이 느끼는 강한 코일의 저항감은 커진다.

1) 백스윙 시에 어깨 회전을 할 때 양어깨를 충분히 돌린다(90도 이상)

"파워 골프 스윙에서 제가 살피는 것은 백스윙을 할 때 얼마나 어

파워스윙을 위한 엑스팩터를 위해서 짐 매클린이 단계별로 설명하고 있다. 가장 먼저 ❶에서처럼 어드레스 자세를 갖는다. ❷는 허리의 회전과 함께 몸통을 돌리고 있다. ❸은 양어깨만을 충분히 회전시켜서 파워를 만들어 내고 있다.

깨가 회전하느냐는 것입니다. 물론 엉덩이도 함께 돌아가게 됩니다. 사실 엉덩이는 하체를 견고히 해 놓은 상태에서 회전을 해 보면 최대 45도 정도 돌아갑니다. 어깨의 회전각이 90도인 골퍼는 45도의 엑스팩터 각을 갖게 됩니다. 이 숫자는 양어깨의 회전각에서 엉덩이의 회전각을 뺀 것입니다."

2) 백스윙 시에 머리는 약간 오른쪽으로 회전 이동된다

"머리의 역할을 이해하면 어깨의 회전에 도움을 얻게 됩니다. 백스윙 시에 머리가 약간 오른쪽으로 돌아가게 되면 충분한 어깨의 회전을 만들 수 있습니다. 그러니까 파워 골프 스윙에서는 일반적으로 머리가 약간 오른쪽으로 움직이고 임팩트 때 돌아옵니다. 아이언을 치는 골퍼들을 보면 머리는 사실상 목표 방향으로 돌아가면서 릴리스가 이루어지고 마무리를 하게 됩니다."

3) 백스윙 시에 무릎을 고정하지 말고 자연스럽게 움직인다

"백스윙을 할 때 엉덩이는 회전합니다. 이때 무릎도 일정한 각으로 움직이게 되지요. 이러한 움직임을 통해 무릎에 탄력을 유지하게 됩니다. 엑스팩터에 대해 잘못 이해하고 있는 부분도 바로 무릎에 있습니다. 무릎을 움직이지 않아야 한다는 잘못된 생각이지요. 백스윙 시에 아예 무릎을 고정하거나 뒤쪽으로 많이 비틀어 주는 것은 다운스윙의 시작을 방해하지요."

4) 백스윙 시 몸의 회전율이 어깨 100%일 때 엉덩이는 50%, 무릎은 25% 정도 회전한다

"백스윙을 통해 만들어진 톱 동작을 보면 일정한 비율이 있습니다. 무릎은 엉덩이가 회전하는 것에 비해 50% 정도 회전합니다. 그래서 엉덩이가 무릎보다 더 많이 회전하는 것이지요. 어깨는 엉덩

백스윙 시에 양어깨의 회전을 크게 만들면 스윙에서 파워를 느낄 수 있다. 짐 매클린이 홍희선 프로에게 엑스팩터의 과정을 설명하고 있다.

이에 비해 두 배 이상 회전합니다. 그래서 신체의 점진적인 회전율을 알 수 있습니다."

엑스팩터가 간단한 것은 백스윙을 할 때 어깨가 엉덩이의 바깥쪽으로 돌아가게 된다는 것이다. 이러한 느낌으로 만들어 보았을 때 하체의 저항을 느끼기 시작했다. 파워 골프 스윙을 하는 자세에서는 오른쪽 다리에 좀 더 저항을 느껴야 엑스팩터가 제대로 됐다는 뜻이다.

오른쪽 무릎의 탄력을 유지하는 것이 톱 동작으로 갈 때 중요한 부분이다. 백스윙을 진행해 보면 오른쪽 다리를 중심축으로 해 오른발 바로 앞부분에서 뒤축 방향으로 힘의 중심을 약간 옮겨 간다. 따라서 오른쪽 다리 위쪽으로 엉덩이가 약간 올라가는 움직임이 생기는 것을 느끼게 된다.

트리플 엑스팩터(Triple X-factor)

짐 매클린이 전욱휴 · 홍희선 프로 앞에서 엉덩이 회진 원리를 설명하고 있다(트리플 엑스팩터의 세 번째에 해당된다).

동서를 막론하고 골퍼들의 최대 관심은 장타를 치는 것이다. 골퍼가 현재 자신의 드라이버 거리를 20야드 늘릴 수 있다면 어떠한 비용이나 노력도 감수할 것이다.

최대의 파워스윙 효과를 얻기 위해 프로 골퍼들은 더 많은 훈련 방법을 찾고 레슨도 받는다. 비거리 증대를 위해 백스윙 자세를 다

듣거나 유사한 노력을 한다. 충분한 어깨 회전이 가해져야 샷을 멀리 보낼 수 있다. 하지만 일반 골퍼들은 최대 비거리를 끝까지 만들어 내기 위해 다운스윙의 과정이 매우 중요하다는 비밀을 모르는 경우가 많다.

세계 최고의 장타자 골퍼들은 장타를 치기 위한 신체의 역학적 비밀을 알고 있다고 본다. 이러한 비밀은 가장 최근 소개된 짐 매클린의 트리플 엑스팩터에서 해답을 찾을 수 있다.

도럴 골프리조트 18홀의 티잉그라운드, 매년 월드챔피언 선수권 대회가 열리는 곳이고, 최근 타이거 우즈가 세 번이나 우승한 곳의 마지막 홀이다. 여기서 매클린이 설명을 시작했다.

"트리플 엑스팩터는 다운스윙이 시작될 때 만들어지는 세 가지 요소를 말합니다. 첫째, 백스윙의 정상에서 엉덩이를 이용해 다운스

짐 매클린은, 파워 스윙은 엉덩이에서 시작된다고 강조하고 있다. 홍희선 프로에게 다운스윙 초기에 체중 이동을 위한 엉덩이의 움직임에 대해서 설명하고 있다. ❶에서 ❷로 이어진 동작에서 엉덩이는 과장될 정도로 왼쪽으로 이동되고 있다.

톱에서 만들어지는 다운스윙에는 골퍼들이 알아야 할 3가지가 있다. 짐 매클린은 이러한 사항들은 골퍼가 톱 동작에서 만들어진 힘을 임팩트로 연결해가는 중요한 요소라고 설명한다.

윙을 시작하기 위해 몸을 회전하는 것입니다. 이때 엉덩이의 움직임은 두 가지로 볼 수 있는데, 이동과 회전입니다. 엉덩이가 움직이기 시작할 때 어깨는 백스윙의 톱 쪽으로 진행 상태에 있다는 것이지요. 그래서 파워스윙은 두 방향의 움직임에 의해 만들어진다고 볼 수 있습니다.”

1) 백스윙의 톱에서 가장 먼저 엉덩이의 회전을 통해 어깨의 회전력을 순간 증가시킨다

매클린은 얼마 전 US오픈에서 우승한 앙헬 카브레라를 예로 들었다. 그는 이러한 순간은 움직임을 통해 24도 정도의 엑스팩터를 증가시킨다고 했다. 백스윙 자세에서 최대한 뒤로 들어 올렸을 때 어깨와 엉덩이의 차이를 만들고, 그다음 회전을 시작하면서 그 차이를 이용한 회전력을 증가시킨다. 아마추어들은 정확히 반대로 하려는 경향이 있다. 백스윙 정상에서 어깨나 팔을 먼저 움직이기 시

작해 상하체의 구분이 없게 만든다.

2) 임팩트 시 시선은 지면에 그대로 두지 않고 페어웨이 방향으로 자연스럽게 돌린다

"다음은 머리의 움직임입니다. 먼저 다운스윙 동작이 시작될 때 머리를 움직이지 않으려고 해 보세요. 자, 이제 어드레스 자세에서 임팩트로 가는 것입니다. 임팩트할 때의 팔의 위치를 상상하세요. 대부분 머리를 그대로 있게 하거나 약간 뒤에 두고 있지요. 하지만 사실 장타자들의 머리와 시선은 페어웨이 쪽을 향해 돌아간다는 것이 분석 결과입니다."

이 같은 사실은 안니카 소렌스탐이나 짐 퓨릭을 통해서도 알 수 있다. PGA투어 그린 적중률에서 1위를 여러 번 차지했던 조 두란트의 경우에도 머리가 상당히 목표 쪽으로 돌아간다. 매클린은 어깨가 왼쪽으로 돌아간다는 측면에서 볼 때 머리가 몸의 오른쪽 뒤로 움직이면 스윙 동작에 의해 몸의 중앙에 놓이게 된다고 했다. 이렇게 되면 뒤쪽에 압력을 가하게 되어 스윙 속도를 느리게 만들 수 있다. 결국 엉덩이를 통해 얻었던 힘을 충분히 갖지 못한다는 것이다.

3) 왼쪽 엉덩이를 4~5도 정도 끌어올려 임팩트한다

"자, 이제 트리플 엑스팩터의 세 번째 부분, 바로 엉덩이 라인입니다. 엉덩이는 거의 수평으로 놓고 시작합니다. 아마 왼쪽이 어드레스 때는 1도 정도 높을 수 있겠죠. 하지만 거의 수평이라고 보아도 됩니다. 이제 백스윙을 하면 오른쪽 엉덩이가 올라가게 되지요. 대략 2~3도 기울어집니다. 이 상태에서 스윙을 하면 골프 스윙에서 힘을 만들어 내는 중요한 요소를 알게 됩니다. 임팩트를 만들 때 약간 직각 상태가 되거나 단계적으로 내려오면서 바닥의 공을 치게 되지요. 이때 몸은 돌아 나가면서 왼쪽 엉덩이가 약간 높아집니다. 평

임팩트 이후 시선 처리에 대해 설명하는 모습. ❶은 처음 어드레스 때의 몸의 위치대로 머리와 시선 처리를 그대로 유지하는 잘못된 모습이다. ❷에서처럼 몸의 움직임을 최소화해 가면서 날아가는 볼을 향해 머리와 시선을 처리하는 것이 올바른 모습이다.

균적으로 4~5도 정도 올라갔다가 다시 수평으로 만들어집니다. 하지만 대부분의 골퍼는 이러한 사실을 모르지요. 많은 골퍼는 수평 상태로 스윙을 하려고 합니다.

매클린은 홍희선 프로를 대상으로 동작을 자세히 설명해 나갔다.

"자, 임팩트 자세로 내려와 보세요. 왼쪽 다리는 마무리로 진행되면서 몸의 중심이 놓이는 것을 느낍니다. 물론 약간 높아지는 것을 알 수 있지요. 이러한 과정에서 마무리를 하면 생각보다 왼쪽 엉덩이는 높아지게 됩니다. 훌륭한 선수들의 왼쪽 바지 아랫부분이 높아지는 걸 여러 번 볼 수 있을 것입니다. 이것이 바로 왼쪽 엉덩이가 4~5도 들어 올려졌다는 증거지요."

매클린은 18홀 티잉그라운드에서 그린과 클럽하우스를 향해 힘차게 드라이버샷을 날렸다. 1월의 마이애미 근처 날씨는 바람도 거셌다. 하지만 힘차게 바람을 가로지르고 살아서 날아가는 볼의 파워는 이기지 못했다.

파워를 얻을 수 있는 이상적인 임팩트의 모습을 보여 주고 있다.

10 하루 20분 20번씩 백-스루 연속 동작 연습하라

파워 드라이버를 위한 실전 드릴

스윙을 이해하기는 쉽다. 그러나 이해한 스윙을 실천하기는 쉽지 않다. 몸에 밴 습관 때문이다. 어떤 목적에서든 자신의 스윙을 바꾸기는 어렵다. 하지만 불가능하지는 않다.

잘못된 습관을 바꾸기 위해 그립부터 시작한다. 어드레스 자세를 다시금 점검해 보기도 한다. 드라이버 스윙을 교정해 비거리를 늘리는 연구가 많은 것도 이러한 고민을 해결하기 위해서다.

짐 매클린은 다양한 드릴을 이용한 스윙 교정 방법으로 골퍼들의 문제점을 해결하고 있다. 이러한 교정 방법은 훈련이라는 드릴을 통해 잘못된 동작을 가장 효율성 있는 방향으로 바꾼다. 매클린의 아

짐 매클린은 고질이 된 습관을 버릴 것을 요구하며 다양한 드릴을 소개했다.

카데미가 있는 플로리다의 도럴 골프리조트에서는 스윙 폼이 다른 골퍼들이 자신의 문제점을 치유해 가고 있다. 골퍼들의 고민거리인 비거리 늘리는 훈련 방법이 이번 주의 주제다.

"어떻게 하면 볼을 멀리 칠 수 있을까요? 저는 사람들의 스윙 스피드를 늘릴 수 있는 기술을 가르쳐야 합니다. 훈련을 위한 드릴은 집에서든 연습장에서든 혼자 손쉽게 할 수 있지요. 이제부터 파워 드라이버의 샷을 위한 드릴을 하나하나씩 보여 드리지요."

1) 파워를 싣는 '스텝 후 스윙' 드릴

"먼저 정상 스탠스를 잡습니다. 이 훈련법은 아무 클럽이나 가능하지만 드라이버로 해 보겠습니다. 볼을 약간 왼쪽 뒤에 두도록 하겠습니다. 발을 뒤로 빼고 티를 20㎝ 정도 앞에 놓습니다. 그리고 이 상황에서 백스윙을 하고 스텝을 밟으면서 티를 치는 것이지요. 이제 이 기술의 핵심은 언제 스텝을 밟느냐 하는 것입니다. 스윙을 하면서 클럽이 정상에 올라갔을 때 정지했다가 스윙을 하면서 스텝을 밟는 것이 아닙니다. 스윙하는 흐름 속에서 스텝을 밟는 것이지요."

매클린은 스텝을 밟고 난 후에 샷을 쳐 보였다. 백스윙을 하면서 스텝을 밟고 쳐 보이는 모습을 연속 동작이 아닌 구분 동작으로 보여 줬다. 매우 단순하고 쉬워 보이는 드릴을 비거리 늘리기 위한 훈련으로 소개한 이유는 경직된 상태에서 힘만 잔뜩 이용하려는 골퍼들의 생각을 바꾸기 위해서였다. 특히 90대에 진입하려는 골퍼들에게 필요한 드릴이라고 했다. 적어도 매일 30분씩 주 2~3차례 반복해 샷을 해 보면 2~3달 지난 후 샷의 비거리를 위한 스윙의 리듬과 헤드 스피드의 편안함을 느낄 수 있다고 했다.

① 티를 20㎝ 정도 앞에 놓고 정상적인 스탠스를 취한다.
② 백스윙을 한 후 스텝을 먼저 밟고 스윙을 시작한다.

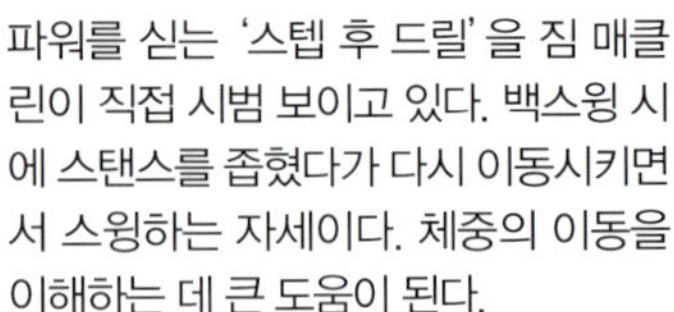

파워를 싣는 '스텝 후 드릴'을 짐 매클린이 직접 시범 보이고 있다. 백스윙 시에 스탠스를 좁혔다가 다시 이동시키면서 스윙하는 자세이다. 체중의 이동을 이해하는 데 큰 도움이 된다.

2) 몸의 회전을 이용한 스윙 속도 늘리기

"자, 한 번에 20번의 연속 스윙을 해 보세요. 이번 드릴은 '백 앤드 스루' 동작입니다. 어드레스를 취한 후 톱 동작까지 한 번에 한 후 피니시로 갑니다. 생각 없이 팔과 어깨를 한꺼번에 움직이면서 스윙을 하는 것이지요. 처음에는 5번 하기에도 벅차겠지만 쉬지 않

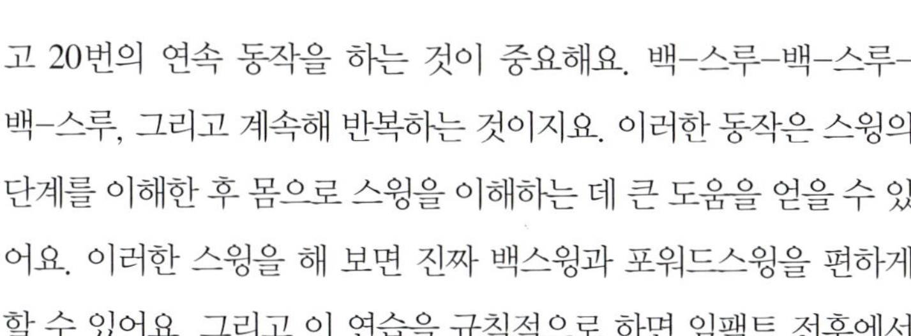

고 20번의 연속 동작을 하는 것이 중요해요. 백-스루-백-스루-백-스루, 그리고 계속해 반복하는 것이지요. 이러한 동작은 스윙의 단계를 이해한 후 몸으로 스윙을 이해하는 데 큰 도움을 얻을 수 있어요. 이러한 스윙을 해 보면 진짜 백스윙과 포워드스윙을 편하게 할 수 있어요. 그리고 이 연습을 규칙적으로 하면 임팩트 전후에서 다운스윙의 시작은 성급하지 않은 스윙 속도를 필요로 한다. 즉, 다운스윙 초기에는 서서히 출발하는 느낌이지만 속도가 빨라지는 가속도의 개념으로 진행하게 된다. 짐 매클린은 이러한 스윙 속도를 만들기 위해서 몸의 회전을 이용해 시범을 보이고 있다.

클럽헤드가 최고의 속도로 지나가는 것도 느낄 수 있어요. 비거리를 만들어 내는 데 가장 중요한 두 가지가 있어요. 하나는 스윙을 크게 하는 것이고, 또 하나는 가속도의 개념으로 빠르게 하는 것이지요. 이 드릴은 스윙의 속도를 늘려 드라이버의 비거리를 늘리는 데 가장 큰 도움을 얻을 수 있어요.”

대부분의 골퍼는 많은 생각 속에서 골프를 한다. 하지만 이러한 과정은 스윙을 이해하기 위한 연습장에서만 해야 한다. 스윙 과정을 이해한 후 직접 볼을 쳐 보는 것이 중요하다. 그리고 필드에서는 생각 없이 스윙할 수 있도록 한 번에 연결된 스윙 동작으로 볼을 쳐야 한다.

① 백스윙에서 폴로까지 멈추지 않고 풀스윙으로 20번 반복한다.

② 몸의 회전력을 이용해 임팩트 시 가장 빠른 스피드를 내도록 스윙 속도를 높인다.

짐 매클린이 '몸의 회전을 이용한 스윙 속도 늘리기' 드릴을 위해서 시범을 보이고 있다.

몸의 회전력을 이용한 드릴은 하루 20분 정도 스윙할 수 있는 곳이면 어디에서든지 실천해야 한다고 했다. 적어도 4주 정도 쉬지 않

고 하면 큰 효과를 본다고 했다. 특히 80타에 진입하려는 골퍼들에게 중요한 드릴이라고 강조했다.

3) 수퍼 파워풀 페이드샷을 위한 언더 릴리스 드릴

"싱글 핸디캡 골퍼들이 이븐파에 도전하기 위해 꼭 넘어야 할 관문이 있습니다. 비거리와 방향성을 지켜 갈 수 있는 드라이버샷의 능력을 갖추는 것이지요. 벤 호건, 헤일 어윈, 리 트레비노, 잭 니클라우스, 그리고 비 제이싱 등은 파워 페이드샷으로 유명한 프로 골퍼들입니다. 파워 페이드샷은 방향성 조절이 쉽고 비거리도 보장받게 되지요. 먼저 몸의 정렬선은 목표보다 왼쪽을 향하게 합니다. 클럽페이스는 아주 살짝만 오픈합니다. 티의 높이도 정상보다 살짝 낮게 만듭니다. 물론 스윙 시 체중이 오른쪽에서 왼쪽으로 이동할 때 손과 팔, 그리고 클럽은 자연스럽게 볼 쪽을 향해 임팩트로 들어가게 됩니다. 중요한 것은 임팩트 이후 왼손을 충분히 뻗는 것이지요. 이러한 '언더-릴리스' 동작은 비거리를 위해 볼에 파워를 실어 주게 됩니다. 이런 드릴은 프레드 커플스와 필 미켈슨도 많이 사용합니다.

밥 토스키
Bob Toski

작은 체격 때문에 생쥐라는 별명을 얻기도 한 밥 토스키는 골프 선수로서 누구 못지않은 장타자였고, 뛰어난 쇼트게임 플레이어였다. 1954년에는 벤 호건, 샘 스니드 같은 기라성 같은 골퍼들을 제치고 PGA투어 상금랭킹 1위를 차지했다. 티칭 프로로서의 토스키는 쇼트게임의 중요성을 강조하는 한편 스윙의 전체적 느낌을 양손의 감각으로 강조하는 독특한 스타일을 지켜 오고 있다.

● 밥 토스키의 골프 철학

전설적인 티칭 프로 밥 토스키가 전욱휴 · 홍희선 프로에게 자신의 골프 철학을 설명하고 있다.

밥 토스키, 살아 있는 전설을 만난다는 것 자체가 기쁘고 설레는 일이었다. 너무나 익숙해 있던 느낌 때문인지, 독특한 인상 때문인지 만나기 전부터 머릿속에 그의 얼굴이 꽉 차 있었다. 토스키는 우리 일행을 너무나 반갑게 맞이했다. 80세가 넘는 나이에도 불구하고 얼굴의

혈색은 건강해 보였다. 건강한 목소리가 더욱더 힘찬 느낌을 주었다.

— 만나게 돼 영광입니다. 평생 골프에 몸담고 계신데, 골프에 입문한 계기가 있었나요?

"저는 여섯 살 때부터 골프를 쳤습니다. 제 형들은 다 프로 골퍼였어요. 형들은 노스헵톤이라는 골프장에서 일하고 있었죠. 저는 형들을 보러 골프장에 자주 가면서 10살 때 캐디 생활을 시작했죠. 형들은 제가 캐디를 하는 동안 골프를 가르쳐 주곤 했습니다. 형들은 퍼트하는 방법부터 칩샷, 피치샷 그리고 정상적인 스윙을 순서대로 가르쳐 줬어요. 그래서 땅에서 시작해 나중에 볼을 띄우는 법을 배운 셈이죠. 그린에서 시작해 티잉그라운드에서 끝났죠. 제2차 세계대전이 끝난 후 20세 때 투어를 시작했어요. 27세 때, 미국 PGA투어에서 가장 잘 치는 상금랭킹 1위 선수가 됐습니다."

— 작은 체구에 비해 폭발적인 장타를 치는 골퍼로 알려져 있는데요.

"네. 아마도 골프 역사에서 상금랭킹 1위 중 가장 가벼운 선수일 것입니다. 아무도 저보다 작거나 체중이 덜 나가는 프로 골퍼는 없었어요. 약 53kg이 나가는 2명의 프로가 있었는데 그들도 아주 훌륭한 골퍼였고 메이저 대회에서 우승했었죠. 톰 크리비는 PGA 챔피언십에서 우승할 때 53kg이었고, 워커도 그 체중으로 US오픈에서 우승했지요. 하지만 그들은 저처럼 상금랭커는 되지 못했죠."

— 골프 티칭의 철학이나 좌우명이 있다면 말씀해 주시지요.

"볼은 45.92g입니다. 성인은 몸무게가 보통 45~90kg 나갑니다. 그리고 골프채는 450g도 안 되지요. 사슴 같은 힘은 하마 같은 힘보다 중요합니다. 왜 저보다 크고 힘이 좋은 사람들보다 제가 골프를 잘할 수 있었을까요? 그것은 타이밍이 좋았기 때문이죠. 저는 좋은 스윙

밥 토스키는 골프를 배울 때 그린에서 시작해 티잉그라운드에서 끝내야 한다고 강조했다.

감각을 가지고 있다고 생각해요. 기본이 좋고, 그립과 볼의 위치, 그리고 스윙 플레인이 좋고 타이밍과 잘 조화를 이루지요."

— 골프에서 반드시 피해야 할 것이 있다면요?

"긴장과 불안은 인생에서 가장 불필요한 것들이에요. 이 두 가지가 사람의 몸과 마음을 파괴시키죠. 골프를 칠 때도 절대 이 두 가지를 가지면 안 됩니다. 어디서 골프를 시작해야 할까요? 퍼팅그린 위에서 시작하세요. 스트로크가 빠르고 길어질수록 당신의 근육은 자연스럽게 팽팽해져요. 저의 골프 철학은 골프를 배울 때 그린에서 시작해 티잉그라운드에서 끝내라는 것이지요. 그러면 티잉그라운드에서 그린까지 가는 것이 빨라지기 때문이지요. 모든 사람은 멀리 앞으로 나가는 채를 먼저 치고 싶어 해요. 앞으로 많이 나가는 거요. 아주 틀린 방법이라고 생각해요. 우리는 태어나 가장 먼저 기어 다니는 것을 배운 후, 걷는 것과 뛰는 것을 차례대로 배웠습니다. 골프도 마찬가지 아닐까요."

토스키는 무엇이 골퍼에게 중요한지를 알려주고 싶어 했다. 많은 골퍼가 기고 걸어야 할 단계에서 뛰고 있다고 했다. 그리고 볼이 안 맞는다고 화를 낸다는 것이다. 토스키는 모든 골퍼가 신체적·정신적으로 준비가 된 다음 골프를 배워야 한다고 말했다. 토스키의 살아 있는 눈빛과 목소리의 울림은 사람으로 하여금 도전 정신을 일깨우기에 충분했다.

명언을 많이 남긴 밥 토스키는 일상적인 대화에서도 유머가 넘쳤다.

3

02 짧은 거리 퍼트로 성공 경험을 늘려라

쉽고 간단한 퍼팅 레슨

퍼팅 그린에서 시작된 밥 토스키의 첫
번째 레슨. 그는 홍희선 프로에게 짧은
거리에서부터 퍼트를 시작하도록 했다.

밥 토스키는 골프는 그린에서 시작되며 골프 세계는 바로 감각의 세계라고 강조한다. 올해 82세, 76년간 골프가 전부였던 인생을 살아오면서 "퍼팅이 골프의 시작이요 완성을 위한 지름길"임을 깨달았다는 것이다. 그는 모든 골퍼는 반드시 퍼트로 시작해 칩샷-피치샷-드라이브샷의 순서로 배워야 한다고 했다.

그린 위에서 퍼팅하는 단계도 짧은 거리에서 출발해 먼 거리의 퍼팅으로 연결해야 쉽게 이해할 수 있다고 했다. 먼 거리 퍼트부터

밥 토스키는 그립은 부드럽게 해야 하고 팔이 자연스럽게 움직이도록 만들어야 한다고 강조했다.

배우는 골퍼는 홀에 볼을 넣기 위해 적어도 여덟 번의 스트로크가 필요하다고 했다. 하지만 짧은 거리에서 훈련한 골퍼는 서너 번의 연습만으로 성공시킬 수 있다는 것이다. 매우 짧은 거리에서 얻은 감각으로 퍼팅의 자신감을 극대화할 수 있고 먼 거리에도 적용할 수 있다.

❶ 밥 토스키의 지도 아래 홍희선 프로가 퍼팅의 어드레스 자세를 취하고 있다. 밥 토스키는 손가락과 손바닥의 힘을 빼고 손과 팔로 퍼트하라고 설명했다.
❷ 임팩트 이후에도 머리의 움직임을 고정시키라고 설명했다. 볼을 확인하는 습관을 가지는 것이 중요하다고 했다.

1) 손바닥과 손가락의 힘이 같게 적용되도록 그립을 잡는다

"자, 홍희선 프로가 퍼트를 해 보시죠. 프로니까 손 감각이 아주 뛰어날 것으로 기대합니다. 손의 느낌도 매우 좋아 보입니다. 퍼터를 잡고 있는 손을 보겠어요. 아주 부드럽게 잘 잡고 있죠. 팔은 자연스럽게 잘 움직입니다. 손가락이나 손에 쓸데없는 힘이 안 들어

밥 토스키가 짧은 거리에서 퍼팅하는 모습. 홀 쪽으로 굴러가는 볼을 얼굴만 돌려서 바라본다.

가 있지요. 퍼터는 강제로 움직이지 말고, 손바닥 윗부분과 손가락에 힘을 주지 않은 채 손과 팔로 퍼트를 해야 합니다. 손과 팔에 들어가는 힘의 크기는 같아야 합니다. 즉, 손가락과 손바닥의 밀어 주는 힘을 같게 하는 것이지요. 지금 제가 말한 것처럼 하면 퍼팅의 스트로크는 스퀘어가 되면서 부드러워집니다. 골프에서 성공이라는 것은 무엇일까요? 성공이라는 것은 볼이 홀로 들어가는 것을 말합니다. 홀에 집어넣지 못하면 성공한 것이 아니지요. 좋은 스트로크를 가지고 있지만 홀에 들어가지 못하면 100% 잘했다고 볼 수 없습니다. 몇 개의 볼을 성공하면 그 과정 속에서 자신감이 강해집니다."

2) 몸은 고정하고 머리만 움직여 목표 지점을 확인한다

"잠깐만요, 잠깐만요. 홍 프로는 지금 머리만 움직였어요. 머리를 돌리는 것 보셨죠? 홀의 위치를 보기 위해서겠죠. 몸은 움직이지 않았습니다. 제가 지켜보았는데요, 머리만 움직였어요. 맞아요, 그렇게 해야 합니다."

3) 임팩트 때 머리를 고정한다

토스키는 임팩트 때 머리를 고정해야 방향성을 높일 수 있다고 강조했다. 타이거 우즈도 홀을 보고 다시 볼을 보고 한 번 더 홀을 본 후에 돌아와 볼을 친다는 것이다. 볼을 칠 때 우즈의 머리는 아주 안

❶ 손은 아래로 꺾고 스트로크한다.
❷ 퍼팅 시 잘못된 손목의 모양.

정적인데, 볼을 친 다음에 머리를 움직여 볼이 가는 것을 보는 습관이 중요하다고 했다. 하지만 많은 골퍼가 볼을 치기도 전에, 또는 치는 순간에 시선을 목표로 향하게 되어 방향성을 떨어뜨린다고 했다. 토스키는 홍 프로가 짧은 거리에서 한 퍼팅이 성공하는 모습을 보면서 자신감을 강조했다. 먼 거리에서 밀어 치게 되면 볼이 우측으로 빠질 수 있다고 주의를 주었다.

4) 퍼팅 스트로크의 스피드는 일정해야 한다

"자, 이제 처음보다 조금 멀리에서 볼을 쳐 보도록 하지요. 여기서 볼을 치면 스트로크는 더 길게 해야지요. 스피드를 더 얻기 위해서 말입니다. 스피드 조절이 중요합니다. 스윙의 길이가 짧으면 어떻게 될까요? 보통 멀리 보내기 위해 쓸데없는 힘을 가하게 되지요. 그리고 볼이 짧게 가면 다음 패턴의 동작에서는 볼을 빠르게 보내려 잘못되고 과장된 동작을 하게 됩니다. 또한 멀리 갈 것 같아 스윙 스피드를 느리게 하기도 하지요. 속도는 항상 일정해야 합니다.

5) 손은 아래로 꺾고 손목은 삼각형 아치로 만든다

"퍼트를 할 때 제 손 모양은 이렇습니다. 손가락은 밑으로 가 있고 손목은 아치 모양이 되지요. 이러한 자세가 클럽헤드를 스퀘어 상태로 만들어 줍니다."

토스키는 홀컵에서 멀어질수록 손목이 중요한 역할을 한다고 했다. 클럽이 자연스럽게 돌아갈 수 있도록 하라는 것이다. 모든 사람이 퍼터를 잡는 방법이 다르다고 한다. 손목을 아치 모양으로 해서 스트로크를 만들면 헤드가 똑바로 갔다가 다시 똑바로 돌아온다는 느낌을 갖게 된다. 훌륭한 선수들은 모두 훌륭한 감각을 가지고 있고 이러한 감각은 짧은 거리에서 하는 훈련을 통해 만들 수 있다. 완벽해져 가는 느낌을 가질 수 있도록 감각을 키우면 된다는 것이다.

먼 거리에서의 퍼팅

레슨 과정을 지켜보면 지도자들의 스타일을 알게 된다. 데이비
드 리드베터는 논리적이고 표현력이 뛰어났다. 짐 매클린은 정확
한 동작으로 설명했다. 밥 토스키는 조금 달랐다. 논리적 언어 표현

밥 토스키가 연습용 그린 위에서 홍희
선 프로의 퍼트를 지켜보고 있다.

밥 토스키가 먼 거리에서의 퍼팅 전 그린의 경사도를 자세히 설명하고 있다.

은 약했지만 경험을 통해 얻은 '정답' 을 제자들에게 대화 형식으로 풀어 주고 있었다. 일방적 전달보다 스스로 깨우치게 하려는 생각이 강했다.

토스키의 레슨은 서론에서 결론까지 연속성을 가지고 있었다. 전달하고자 하는 메시지가 전 과정에 걸쳐 유기적으로 연결되어 있었다. 짧은 거리의 퍼팅에서는 감각의 중요성을 강조했다. 먼 거리에서는 골퍼들에게 필요한 퍼팅의 감각, 방향 그리고 거리 조절이라는 세 가지 요인을 만족시켜야 했다.

1) 홀을 볼 때 스트로크를 의식하지 않는 것처럼 볼을 볼 때도 스트로크에 대한 의식을 없애라

"홍희선 프로는 지금 무엇을 했는지 아세요? 홀을 봤어요. 왜 홀을 보았지요? 홍 프로는 지금 거리를 계산하려고 홀을 본 거예요. 스

홍희선 프로가 먼 거리에서 퍼팅을 시도하고 있다.

트로크에 대해서는 생각조차 하고 있지 않았죠. 스트로크를 할 때도 홀을 보고 있을 때와 같이 해야 합니다. 보통 홀을 보면 스트로크에 대해 생각하지 않죠. 그러다 볼을 보면서 스트로크를 하기 시작하면 게임은 엉망이 되죠.”

2) 어드레스 전에 거리와 구질 그리고 스윙에 대한 생각을 마친다. 어드레스 후에는 의식하지 않고 자연스럽게 스윙한다

"너무 의식을 해 스트로크하면 힘 조절을 제대로 할 수 없어요. 스윙 스피드를 느리게 만드는 요인도 됩니다. 홀에서 아주 조금 짧게 남기는 경우처럼 말이죠. 의식과 무의식의 차이는 정말 신기해요. 온 신경을 쓰면서 의식적으로 홀을 보죠. 하지만 무의식적으로 스윙을 해야 해요. 고개를 돌려 볼을 본 순간부터는 의식적으로 행동해

한 손의 힘으로 퍼트하면 볼이 밀리지 않는다. 그리고 임팩트 때 느껴지는 힘의 크기를 예리하게 느낄 수 있다.

서는 안 되죠. 의식적 행동과 무
의식적 행동을 잘 구별할 줄 알
아야 해요. 볼을 잘 치는 선수들
을 보면 볼을 어디로 칠 것인지,
어떻게 볼을 띄울 것인지, 가지
고 있는 채를 어떻게 할 것인지,
훅성의 볼을 칠 것인지 낮은 페
이드를 칠 것인지 등을 생각하
죠. 하지만 볼을 치기 위해 어드
레스를 한 후 무의식적 상태로
변하죠. 본능적으로 움직여야
해요. 자, 이제 의식과 무의식의

차이를 아시겠죠? 골퍼는 긴장 상태나 압력을 받는 상황에서 자신
의 행동 하나하나에 신경이 쓰일 것입니다. 모든 상황에 신경을 쓰
고 의식하게 되면 제대로 된 플레이를 할 수 없습니다."

3) 임팩트 때 손목을 내밀지 말고 정확하게 스퀘어로 타격한다

토스키는 홍희선 프로의 퍼트를 지켜봤다.

"아름다운 퍼트네요. 홀 안으로 들어갔어요. 보통 골퍼들은 퍼트
를 하면 너무 왼쪽이거나 오른쪽으로, 아니면 홀을 너무 지나치거
나 너무 짧게 치죠. 자신이 무엇을 하는지 제대로 알지 못해서입니
다. 홍 프로는 자신이 무엇을 하는지 알기 때문에 볼이 홀로 들어간
것입니다. 거리나 힘의 조절은 대부분 골퍼의 감각으로 결정돼요."

홍희선 프로의 두 번째 퍼트는 홀에 들어가지 않았다.

❶ 퍼팅 전 그린의 경사도를 파악한다.
❷ 정확한 방향 설정을 위해 밥 토스키
가 그린 위에 선을 긋고 있다.

"밀어 쳤네요. 홍 프로는 볼을 밀려고 하는 버릇이 있어요. 어떻
게 이러한 문제점을 고칠까요? 아주 간단해요. 한 손으로 퍼트를 하
면 되죠. 보통 오른손을 많이 사용하죠. 이렇게 치면 볼이 밀릴 리

퍼팅은 고도의 집중력을 필요
로 한다. 하지만 너무 오랫동
안 집중을 한다고 시간을 끌게
되면 머릿속에 불필요한 잡념
이 밀려와 예상하지 못한 엉뚱
한 행동으로 이어질 수 있다.

없죠. 자, 보세요. 손은 이렇게 돌아서 스퀘어가 되어 볼을 치고 안쪽으로 돌아가게 됩니다."

4) 오른손은 클럽헤드의 스퀘어를 유지, 왼손은 방향을 조절하는 느낌을 가진다

토스키는 잘못된 퍼트 동작은 또 다른 스윙의 문제점을 만든다고 했다. 퍼트를 당기거나 밀면 치핑을 할 때도 당기거나 밀기 시작한다는 것이다. 피치샷에서도 같은 현상이 일어나고 결국 드라이브샷도 같은 현상을 보이게 된다고 했다.

명심할 것은 오른손과 왼손의 역할을 제대로 파악해야 한다는 것이다. 오른손은 클럽헤드와 직각 상태를 유지해야 한다. 전체적인 볼의 방향은 왼손에 의해 조절되어야 한다. 몇몇 선수는 그린을 잘 읽지도 않고 퍼트를 실수했을 때 자신의 스트로크를 탓한다. 대부분의 실수는 스트로크보다 그린을 잘못 읽은 데 원인이 있다.

오른손은 퍼팅 스트로크에서 클럽헤드의 스퀘어를 유지하는 역할을 한다.

10m 이상 멀리 떨어진 거리에서 퍼팅을 준비했다. 우측으로 휘어 지는 퍼트였다. 토스키는 볼이 휘기 시작하는 지점이 어디인지 홍 프로에게 물었다. 먼 거리에서 휘는 퍼팅을 할 때는 볼이 최초로 휠 것으로 예상되는 지점을 찾는 것이 중요하다고 했다.

볼이 방향을 바꾸는 지점까지 직선으로 가도록 스트로크해야 한 다. 경사가 심할수록 어렵게 느끼지만 스트로크 자체는 인위적으로 만들어 치거나 돌려 쳐서는 안 된다. 물론 머릿속에서 만들어지는 스윙의 크기는 전체 거리에 맞게 백스윙 크기와 헤드 스피드가 결정 돼야 한다. 휘는 지점까지 직선으로 스트로크하면 볼은 자연스럽게 직선으로 굴러가다가 그린의 경사에 의해 휘어져 홀로 들어간다.

"경사가 있는 라이에서 치는 것이 경사가 없는 직선 퍼팅보다 어 렵습니다. 하지만 휘는 지점까지 가상의 점을 만들어 직선 퍼팅을 해 보면 경사가 없는 직선 퍼팅처럼 쉬워집니다."

04 칩샷은 풀스윙의 축소판이다

칩샷의 기본

밥 토스키는 그린 근처에서 시범을 곁들여 가면서 칩샷 요령을 설명했다. 그는 퍼트할 때처럼 클럽을 낮게 움직이라고 했다.

그린 주변에서 칩샷하는 자세를 보면 실제 스윙 동작을 예측하게 된다. 왜냐하면 칩샷은 풀스윙의 축소판이기 때문이다. 칩샷할 때 임팩트 전후의 모습은 풀스윙의 임팩트를 그대로 반영할 때가 많다. 프로 골퍼가 아마추어를 지도할 때도 풀스윙의 개념을 기본으로 삼을 수 있다. 20m 전후의 거리에서 홀을 공략하는 칩샷은 250m 드라

이버를 이용하는 스윙과 원리 면에서 같기 때문이다.

밥 토스키는 칩샷에 대한 자신의 생각을 아낌없이 풀어냈다. 토스키는 칩샷에 대해 설명하면서 80세의 대가가 가진 노련미와 탁월한 감각을 보여 줬다.

① 뒤꿈치를 들어 체중을 왼쪽으로 보낸다.
② 임팩트 때 무릎을 진행 방향으로 구부린다.

1) 퍼팅할 때처럼 클럽을 낮게 움직이는 느낌으로 친다

"칩샷할 때는 볼을 어디에 떨어뜨릴지 결정하고, 띄우기보다 굴려야 합니다. 항상 굴려야 해요. 다른 샷보다 쉽지요. 로프트가 적은 클럽으로 치면 볼은 그만큼 굴리기 쉽습니다. 그리고 어떠한 각도로 볼에 접근해야 하는지에도 신경 써야 해요. 다운블로를 느낄 수 있어야 합니다. 자, 다운블로를 느끼는 연습을 하죠. 퍼트할 때 클럽이 낮게 움직였죠? 칩샷도 마찬가지입니다. 퍼팅할 때의 느낌으로 쳐야 해요."

2) 임팩트 때 무릎을 진행 방향으로 구부리고 오른발 뒤꿈치를 들어 체중을 왼쪽으로 보낸다

"볼을 잘 치는 선수들을 보면 칩샷할 때 무릎을 이렇게 살짝 구부리죠. 볼을 치기 위해 왜 무릎을 살짝 구부려 주는 걸까요? 자, 제가 볼을 칠 때 잘 보세요. 무릎을 살짝 구부리면서 볼을 칩니다. 볼이 그린 위로 올라갔죠? 제 무릎의 움직임을 보았나요? 저의 오른발 뒤꿈치도 땅에서 떨어져 있군요. 발이 떨어지는 것은 아주 자연스러운 현상이죠."

3) 무릎과 손은 볼보다 살짝 앞쪽에, 엉덩이와 무릎을 돌려 스윙한다

"오른발 뒤꿈치를 떼야 해요. 볼을 치고 나서는 체중이 왼쪽에 실려야 하기 때문이죠. 체중은 몸의 움직임을 도와줘야 합니다. 자, 저의 동작을 보세요. 저의 무릎과 손은 살짝 앞쪽으로 가 있어요. 그리고 스윙을 하면 엉덩이가 약간 돌아가는 게 보이죠? 무릎도 돌아가는 거 보이세요? 간단하게 볼을 내려치면 됩니다. 그리고 홀 쪽으로 볼을 굴러가게 하면 되는 것이지요."

토스키는 칩샷과 드라이브샷의 연관성을 설명했다.

"그리고 보시다시피 몸의 중심이 조금씩 움직이는 것을 봤을 겁니다. 몸이 얼마만큼 움직이는지 알 수 있겠죠? 또 체중 이동이 얼마만큼 되었는지, 얼마나 몸이 빠르게 움직이는지도 말입니다. 하지만 제일 중요한 것은 자신이 보내고자 하는 대로 클럽을 컨트롤할 수 있어야 하는 것입니다. 자세가 엉망일 경우 클럽이 무엇을 하는지 알 수 없죠."

토스키는 칩샷에 대한 기본적 생각을 직접 시연을 통해 신나게 설명했다. 그리고 홍희선 프로의 칩샷을 지켜보았다.

"오, 이런. 채가 너무 빨리 움직였어요. 자, 이번엔 칠 때 똑같은 스트로크를 하되 아까보다 조금 천천히 쳐 보세요. 홍 프로, 운전을

밥 토스키의 칩샷 연속 동작

밥 토스키의 칩샷은 간결했다. 백스윙의 크기와 임팩트 이후의 폴로 동작 크기를 비교해 보면 피니시 동작이 더 짧고 간결한 것을 볼 수 있다. 그리고 빠른 스피드로 진행하다가 짧게 멈추는 모습은 볼을 빠른 시간에 홀 주변에 세우려는 의도로 볼 수 있다.

시속 40킬로, 아니 30킬로로 한다고 해 봐요. 액셀러레이터 밟는 힘을 덜어야 그 정도 갈 수 있겠죠? 지금 칩샷도 그래요. 아까 볼이 어느 정도 갔는지 봤죠? 마음속으로는 조금 짧게 쳐야 한다고 생각하고 치세요. 홀에서부터 약간 짧게 친다고 생각하세요. 제가 장담하건대 홀까지 다 갈 걸요?"

토스키는 홍희선 프로의 동작을 지켜본 뒤 홍 프로에게 스트로크는 같게 하되 스윙 스피드는 평소보다 조금 느리게 해야 조화를 이룰 수 있다고 말했다.

"자, 홍 프로는 지금 홀의 오른쪽을 조준하고 당겨 쳤습니다. 그래서 볼이 더 굴러가는 것이지요. 보세요. 홀보다 1m 벗어난 오른쪽을 조준했네요. 그러면 클럽페이스가 어떻게 되었다는 거죠? 닫혀 있었다는 거죠. 자, 8번 아이언 대신 7번이나 6번 아이언을 사용해 보세요. 볼이 좀 더 구를 것입니다."

칩샷 연속 동작

밥 토스키의 칩샷 동작을 홍희선 프로가 따라해 보고 있다. 손목의 움직임을 자제하고 양팔과 양어깨의 움직임으로 클럽을 이용해 샷을 하고 있다.

Player TIP 올바른 칩샷 동작과 잘못된 칩샷 동작

토스키는 홍 프로의 칩샷을 통해 일반적으로 골퍼들이 왜 당겨 치게 되는지 근본 원인을 설명했다. 그리고 목표 방향을 오른쪽이 아닌 왼쪽으로 설정하라고 했다.

"자, 왼쪽으로 조준해 보세요. 지금 볼을 너무 왼쪽으로 많이 봤다는 생각이 들 겁니다. 왜냐하면 전까지만 해도 너무 오른쪽을 조준했으니까요. 클럽을 닫아 치는 대신 클럽페이스에 로프트를 더하겠습니다. 그리고 볼을 살짝 가볍게 띄울 것입니다."

토스키는 전반적인 칩샷에서 아마추어 골퍼들의 문제점도 지적했다. 골퍼들이 땅보다 볼을 먼저 내려치는 듯한 느낌으로 쳐야 한다고 했다. 하지만 처음 어드레스 자세 때부터 몸의 체중이 충분히 왼쪽에 실려 있지 않기 때문에 문제가 된다고 했다.

칩샷에서 스윙 플레인의 중요성도 지적했다. 내려찍듯이 치게 되는 경우가 많다는 것이다. 근본 원인은 방향 설정에 있고, 백스윙 초기에 두 어깨와 팔이 하나가 되어 진행하는 원 피스 테이크어웨이(one piece takeaway)의 동작을 강조했다. 스윙 플레인이 원을 그리듯이 '인사이드-임팩트-인사이드'로 진행돼야 한다는 설명이었다.

칩샷의 방향과 거리감을 지키기 위한 오른손 칩샷 드릴

05 왼손으로 오른손 이끌어야

피치샷 노하우

100야드도 안 되는 지점에서 그린 공략을 할 때가 많다. 거리로만 본다면 쉽게 성공할 수 있을 것 같다. 하지만 주말 골퍼들에게는 쉬운 일이 아니다. 스윙을 다 해 샷을 하기에는 왠지 불안하고 어색한 느낌이 든다. 실제로 70야드 전후에서 주말 골퍼들이 핀을 향해 샷을 하게 될 때 성공률은 그다지 좋지 않다. 왼쪽 벙커에 빠지거나 그

밥 토스키의 지도 아래 홍희선 프로가 클럽을 가파르게 들어 올려 백스윙 동작을 하고 있다.

린을 넘기기 일쑤다. 나름대로 부드럽게 치다 보면 뒤땅이 발생한다. 아니면 오른쪽으로 날아가는 푸시성의 볼이 발생한다. 스윙이 좋지 않아도 필드 경험이 많은 골퍼들에게는 점수를 줄이기에 좋은 기회가 될 수 있다.

60야드 전후의 거리에서 필드 경험이 풍부한 골퍼들은 왠지 느낌이 좋다. 느낌에서 나오는 거리 조절이 가능하기 때문이다. 밥 토스키로부터 기술적이거나 기계적인 스윙 이론보다 감각적 노하우를 전수받고 싶었다. 어쩌면 100야드 미만의 다양한 거리에서 자유자재로 거리 조절을 요하는 것이 피치샷의 매력이라고 할 수 있다. 연습량이 부족한 주말 골퍼들에게 좋은 선물이 될 피치샷의 노하우를 알아보자.

1) 백스윙 시 클럽을 좀 더 높게 든다

"자, 우리는 이제 골프클럽의 로프트에 따라 볼의 높이가 달라진다는 것을 알고 있습니다. 지금 제가 들고 있는 것은 51도고요, 56

짧은 거리의 피치샷 연속 동작

벙커를 넘겨 핀을 공략하는 짧은 거리의 피치샷 동작을 보여주는 밥 토스키.

도, 60도 웨지도 가지고 있습니다. 로프트가 클수록 볼은 공중으로 높게 뜨지요. 그리고 짧게 높이 띄우기 위해 백스윙을 할 때 클럽을 약간 더 높게 들어 올려 주는 것입니다.”

토스키는 피치샷의 특성을 아주 쉽게 설명했다. 피치샷은 칩샷과 달리 볼을 높게 띄울 수 있어야 한다는 것이다. 즉, 클럽의 로프트가 큰 웨지를 사용하면서 백스윙 시에 코킹을 일찍 이용하라고 했다.

2) 손목의 움직임으로 스피드를 조절

“백스윙을 하고 너무 급하지 않게 다운스윙을 시작해야 합니다. 중요한 것은 부드러운 리듬입니다. 급하게 하면 코킹이 풀리게 됩니다. 피치샷의 코킹이란 백스윙 시 클럽이 일찍 들어 올려진 모습입니다. 성급하게 스윙이 진행되면 손목이 풀리게 되어 볼의 탄도를 높게 만들 수 없습니다. 임팩트 시까지 유지시켜 주는 것이지요. 볼을 친 다음 안쪽으로 살짝 들어왔다가 클럽을 다시 또 들어 올리는 것이지요. 손목·팔·어깨의 움직임을 신경 써야 합니다. 약간의 손

목 움직임이 있어야 해요. 왜냐하면 손목을 사용하지 않으면 어깨와 몸에서 스피드를 내야 하기 때문이죠."

3) 왼쪽 손목의 코킹을 평상시보다 빠르게 한다

"자, 왼쪽 손목을 평상시보다 더 빨리 코킹하세요. 코킹의 진행은 오른손으로 해서는 안 됩니다. 백스윙은 왼손에 의해 진행되어야 다 운스윙까지 제대로 만들 수 있어요. 오른손은 다운스윙부터 코킹을 풀리게 할 수 있어요."

토스키는 아마추어 골퍼들의 문제점을 피치샷의 스윙에서도 지적 했다. 오른손을 많이 사용하게 되면 임팩트가 너무 강해질 수 있다 고 했다. 그리고 톱 동작에서 임팩트가 이어질 때 코킹이 일찍 풀리 는 문제점을 만든다고 했다.

짧은 거리에서 띄워 치는 피치샷은 진 행 경로에 결정적인 영향을 미친다. 밥 토스키는 가파르게 손목을 꺾어 올리는 코킹 동작을 강조했다. 그리고 클럽헤 드는 백스윙 시에 바깥쪽이나 안쪽으로 치우치지 않고 목표의 정반대 방향으로 진행되어야 한다고 설명했다. 이러한 헤드의 움직임을 눈으로 직접 확인할 수 있도록 헤드가 떨어져 나간 클럽의 샤프트를 볼 뒤쪽에 비스듬히 꽂아 두 었다.

❶ 손목의 움직임으로 스피드를 조절한다.　❷ 왼손이 오른손을 끌어내리는 듯한 스윙감을 갖는다.
❸ 임팩트 직후, 클럽페이스는 하늘을 향한다.　❹ 날아가는 모양을 지켜보는 모습.

4) 왼손이 오른손을 밑으로 끌어내리는 듯한 스윙감을 가진다

"왼쪽 손목으로 인하여 팔의 위치가 높아지고 거리도 조절하게 됩니다. 다운스윙을 할 때는 하체의 움직임이 제일 중요합니다. 즉, 피치샷에서 체중을 왼발로 이동하기 위한 기본은 엉덩이의 이동입니다. 오른쪽 엉덩이를 왼쪽으로 살짝 이동해야 비로소 스윙이 시작되었다고 할 수 있지요."

토스키는 스윙을 왼손이 진행시켜야 한다는 것을 강조했다. '왼손이 오른손을 밑으로 끌어내리는' 이라는 표현에서도 볼 수 있듯이 다운스윙에서 왼손과 오른손의 역할을 매우 강조했다.

"왼손이 오른손을 잡아당기듯이 말이에요. 이렇게 해야 볼이 공중으로 떴다가 그린 위로 부드럽게 떨어집니다. 왼손이 오른손을 컨트롤하죠. 그리고 오른손이 왼손 밑에 파고들 수 있어야 합니다. 그래서 클럽이 올라갔다가 내려와 살짝 안쪽으로 가면서 끝내는 스윙을 볼 수 있어요. 자, 보세요. 왼손이 오른손을 밑으로 끌고 갑니다. 이렇게 하면 볼은 잘 띄워지죠. 보시다시피 저의 체중은 약간 왼쪽에 실렸고요. 왼손과 팔을 빨리 코킹해 각도를 만들고, 볼을 칠 때 볼의 밑부분을 완전히 파고든다는 생각을 하면서 볼을 칩니다."

토스키는 행동으로 자신의 피치샷 느낌을 그대로 보여 주었다. 마지막으로 홍희선 프로의 샷을 보면서 실전에서의 문제점을 설명으로 덧붙였다.

"자, 지금 것은 너무 강했어요. 너무 빨랐죠. 가속도가 너무 붙었죠. 내려올 때 살살 내려와야 해요. 지금 두 번째 친 볼은 부드러웠어요. 보세요. 부드럽게 쳐 볼을 그린 위까지 올린 것 같네요. 홍희선 프로의 무릎이 움직이는 것을 볼 수 있었어요. 무릎과 엉덩이, 그리고 어깨가 움직이고 있죠. 이런 것은 무의식적으로 움직여져야 합니다. 항상 저절로 되게 해야 합니다. 자연스럽게 말이죠."

밥 토스키의 골프 레슨은 섬세하고 자세한 질의 형식으로 진행되었다. 자신의 생각이 제대로 전달되었는지 확인하면서 잘못된 대답은 강하게 꾸짖기도 했다.

06 공 10cm 뒤를 빠르고 가볍게 걷어내듯 쳐라

쉽게 치는 벙커샷

그린 공략에 실패한 골퍼는 그린 주변에서 파 세이브를 하기 위해 노력한다. 그래서 그린 주변에서는 늘 코스 설계자와 골퍼들의 신경전이 벌어진다. 코스 설계자는 그린 주변 곳곳을 다양한 쇼트게임 기술이 필요하도록 설계한다. 벙커의 설계는 점수를 줄이는 데 도움이 되도록 설계된 곳도 있다. 반대로 벙커 자체가 악명 높은 해저드가 될 수도 있다. 골퍼들은 볼이 그린 주변 어느 곳에 떨어져도 파 세이브를 위해 전략을 세운다. 하지만 쉽지 않다. 골퍼들이 그린 주변에서 모두 파 세이브를 한다면 프로 이상의 수준인 셈이다.

벙커샷을 시도하는 골퍼들의 표정을 보면 골프 실력을 알 수 있다. 초보자일수록 벙커가 공포의 대상이 된다. 수준 높은 골퍼일수록 그린 주변의 러프보다 쉽다고 한다. 하지만 초보 골퍼라 하더라도 몇 가지 기술만 터득하면 벙커샷이 얼마나 쉬운지 느끼게 된다.

클럽의 바닥이 원하는 지점에 닿도록 해야 한다.

물론 자신감도 얻는다. 밥 토스키의 50년 골프 인생에서 벙커샷은 과연 어떤 의미를 가질까.

"자, 이제 벙커샷을 해 보죠. 정말로 골퍼들이 믿어야 할 것은 벙커샷을 피치샷처럼 하면 된다는 것이지요. 보통 골퍼들이 벙커에서 볼을 치면 볼 뒤 어느 정도를 칠까요. 몇 센티미터 정도인가요?"

20m 전후 거리에서의 벙커샷 연속 동작

임팩트 이후 양팔이 몸의 안쪽으로 당겨 가는 듯한 동작을 만들고 있다. 피니시 자세는 높지 않다. 낮게 움직이면서 거리 조절을 하는 모습이다.

1) 일반적으로 20m 전후의 벙커샷은 볼 뒤 10㎝를 조준한다

"제가 방송 관련 일을 할 때 경기에 참가하는 프로들이 벙커에 있을 경우 물었죠. 볼 뒤 얼마만큼을 치느냐고요. 모두 6㎝라고 했습니다. 하지만 제가 거리를 재 보았는데 10㎝더군요. 그들은 6㎝라고 착각하고 있었던 것입니다."

토스키는 골퍼들이 알고 있는 것과 실제 샷 결과는 늘 차이가 있었다고 했다. 벙커샷도 실제로는 볼 뒤 10㎝를 쳐 그린에 올려놓으면서 자신들은 훨씬 더 볼 가까운 곳을 친다고 의식했다.

2) 클럽의 밑바닥이 원하는 지점에 닿도록 한다

"자, 이제 제가 직접 쳐 보도록 하겠습니다. 볼 뒤에 평행선을 그려 놓겠습니다. 10㎝ 뒤쪽입니다. 그리고 정확히 선 안쪽을 칠 것입니다. 클럽의 밑부분으로 말이죠. 그러면 볼이 공중에 뜨죠. 그래서 왼손이 오른손을 밑쪽으로 가도록 당겨야 해요. 그렇지 않을 경우 토핑성 볼이 될 가능성이 큽니다."

"제가 어디를 쳤죠? 선보다 약간 안쪽에 자국이 나 있네요. 이렇게 볼의 뒷부분을 치면 볼은 부드럽게 벙커에서 나올 수 있습니다. 하지만 손목을 돌리면서 볼 가까이 치면 볼이 낮게 날아갈 것입니다. 자, 다시 한 번 볼을 쳐 보도록 하죠. 이번에 제 몸이 앞으로 딸려 나가는 것을 볼 수 있었을 것입니다. 제 몸은 앞으로 딸려 나갔죠.

홍희선 프로의 벙커샷 연속 동작

밥 토스키의 벙커샷 레슨 내용을 위주로 진행된 샷의 모습. 홍희선 프로가 상체 각도를 숙인 상태에서 피니시 동작을 끝까지 만들어 내고 있다.

어쩔 수 없었어요. 제 손이 엎어져 들어왔기 때문에 몸이 움직이게 되었죠. 반대로 손을 너무 일찍 돌리지 않고 클럽이 벙커 밑으로 파고들어 가면 몸은 가만히 있게 되죠. 골프 클럽이 어떻게 하느냐에 따라 사람의 몸이 반응하는 겁니다."

3) 벙커샷을 시도할 때 손의 감각을 살리기 위해 잔디에서 연습한다

"자, 이제 제 손의 감각이 어떤지 보여 드릴게요. 보세요. 지금 이 자리에서 저는 익스플로전샷을 할 것입니다. 폭발시키는 듯한 샷입니다. 벙커가 아닌 잔디에서 시도해 보겠습니다. 10㎝ 뒤에서 시도하겠습니다. 채가 볼 밑을 파고들어 가지 못하겠는데요. 땅이 너무 딱딱해요. 하지만 한번 시도해 보겠습니다. 핀 옆에 볼을 세울 것입니다."

Player TIP

벙커샷에 대한 명언

"벙커와 연못의 차이는 자동차 사고와 비행기 사고의 차이와 같다. 자동차 사고가 나면 살아날 수 있는 기회가 있다." – 보비 존스

"벙커샷에서 중요한 것은 작은 기술을 외우는 것보다 그것을 실행하는 용기다."
– 진 사라젠

"왜 벙커는 티샷을 할 때 보이지 않는 곳에 있을까. 벙커를 통해 경기에 영향을 주기 위해서일 것이다."
–그레그 노먼

"골프 코스를 비판하는 사람은 남의 집 만찬에서 돌아와 '형편없는 저녁이었다'고 말하는 사람이다."
–게리 플레이어

"고향 완도의 푹신한 바닷가 모래사장에서 벙커샷 연습을 했는데 '세 살 버릇 여든까지 간다'고 그때 익힌 감이 평생을 간다." – 최경주

"나의 벙커샷 비결은 스탠드를 최대한 넓게 서는 것이다." – 안니카 소렌스탐

토스키는 잔디에서 볼 뒤 10㎝를 쳐 볼을 정말 핀 가까이 붙였다. 잔디를 폭발시키는 듯한 소리가 들렸다. 자신도 기분이 좋았는지 흥분된 목소리로 '오~ 맙소사' 라고 미국식 표현을 했다.

"여기서 저는 왼손을 빨리 움직여 오른손을 밑으로 오도록 당겼습니다. 골프채의 속도를 빠르게 하는 요소죠. 볼을 쉽게 띄워 주기도 하고요."

4) 그립을 가볍게 잡고 스피드를 올리고 볼을 얇게 걷어 내라

토스키는 자신의 벙커샷 느낌을 좀 더 자세히 설명하기 위해 홍희선 프로의 벙커샷을 살피기 시작했다.

"자, 빨리 움직여야 해요. 아니면 땅의 저항력으로 스피드가 줄어들죠. 본능에 맡기세요. 아까의 스윙과 다른 점이 하나도 없어요. 땅을 치고 채가 계속 나가게 유지해 줘야 해요. 오른손이 밑으로 오게 당겨 주세요. 백스윙할 때 조금 가파르게 올라가세요. 클럽페이스를 더 열고요. 볼은 나비처럼 공중에 있어야 해요. 샘 스니드는 이런 말을 하곤 했죠. '골프공을 그린 위에 나비처럼 가볍게 살포시 안착시켜야 한다' 고요."

토스키의 벙커샷 레슨은 감각과 정확한 동작을 설명으로 연결시켰다. 골프를 잘 못하는 골퍼들은 10㎝ 뒤를 치면 모래만 너무 많이 쳐 볼을 탈출시키지 못할까 봐 겁을 먹는다는 것이었다. 모래를 많이 치게 되면 채가 모래 깊이 들어간다. 그러면 스피드는 준다. 그래서 채를 가볍게 움직인다는 느낌으로 클럽헤드가 볼 밑을 미끄러지듯이 쳐 디봇을 얇게 만들면 된다.

얇게 볼을 걷어 낼수록 헤드 스피드는 빨라진다. 헤드의 바운스가 볼 밑에 정확히 들어가 가볍게 걷어 넘으로써 볼을 공중에 띄울 수 있다.

볼을 직접 치는 스핀성 칩샷

볼을 직접 치는 스핀성을 위한 톱 동작
의 모습. 홍희선 프로의 동작을 밥 토스
키가 지켜보고 있다.

밥 토스키의 백스윙의 톱 동작. 높은 탄도의 스핀성 칩샷을 직접 시연하기 위해서 일찍 코킹을 만들었다.

스핀성 칩샷 연속 동작

　경기를 관전하다 보면 그린 주변에서 프로 골퍼들의 묘기가 속출한다. 핀 공략이 불가능할 것 같은 위치에서 홀 가까이 붙이는 장면에는 감탄이 나온다. 예술적인 샷은 볼을 친 골퍼 본인뿐 아니라 함께 경기하는 동료에게도 큰 즐거움이 된다. 얼마 전 TV를 통해 본 앤서니 김의 샷이 그랬다. 볼의 위치는 그린보다 낮았다. 벙커를 넘겨야 하는 상황이었다. 앤서니는 높지 않은 낮은 탄도로 칩샷을 공략했다. 벙커를 넘어선 볼은 핀 전방 2m 되는 지점에 최초의 바운스를 만든 뒤 얼마 가지 않아 멈추었다. 탄도를 고려했을 때 많이 구를 것 같았는데 강한 스핀이 걸렸다.

　벙커샷을 마친 우리는 밥 토스키와 함께 스핀성 칩샷을 알아보기 위해 벙커 뒤쪽으로 이동했다. 벙커를 넘겨 핀을 공략하는 상황이었다. 볼은 풀의 길이가 짧고 땅도 단단한 곳에 놓였다. 볼을 직접 치지 않으면 안 되는 상황에서 스핀성 칩샷을 시도하는 것이다.

1) 클럽이 볼의 중앙을 맞히며 밑으로 들어가게 친다

"자, 저는 이제 벙커가 아닌 정상적 그린 주변으로 옮겼어요. 볼을 직접 치면서 볼이 그린 위에 도달하자마자 바로 멈추게 하는 바이트 칩샷을 보여 드리지요. 이젠 골프채가 바로 볼을 때리게 됩니다. 리딩 에지 부분이 볼 중앙에 정확히 맞아야 해요. 중앙을 맞히면서 밑으로 파고들어야 합니다."

토스키는 직접 시범을 보였다. 80세 노익장의 자신감은 대단했다. 긍정적 삶의 자세가 난이도 있는 샷에서 행동으로 나타났다.

밥 토스키의 스핀성 칩샷 시범

전체적인 스윙은 간결하고 짧게 이루어
졌다. 스윙의 빠르기는 다운스윙 초부
터 가속도의 개념으로 순식간에 만들어
졌다. 클럽의 헤드 진행은 타깃 선을 중
심으로 아웃에서 인사이드로 가로질러
진행되었다.

2) 가속도로 치는 익스플로전샷과는 반대로 스윙 스피드를 줄인다

"이렇게 샷을 하면 저절로 스핀이 먹죠. 제가 볼을 치고 안쪽으로
들어오면 볼은 더욱더 높고 부드럽게 뜰 것입니다. 아주 예리한 각
도와 스트로크가 필요하죠. 제가 치는 것을 보세요. 짧은 시간 안에
볼을 정확히 쳐서 띄워 그린 위에 올려놓는 데는 무리가 있습니다.
그래서 스윙 속도를 줄여야 하는 것입니다."

3) 임팩트 후 피니시 때 클럽을 안쪽으로 돌려준다

"손에 감각이 있어야 해요. 그래야 제대로 스윙을 할 수 있어요.
감각은 강도를 줄일 수도 더할 수도 있어요. 감과 기술만 있다면 무
엇이든 충분히 할 수 있어요. 자, 이제 볼을 칠 것입니다. 볼을 깃대

밥 토스키의 스핀성 칩샷 시범에서 눈에 띄는 동작은 피니시 모습에서도 찾아볼 수 있었다. 볼이 그린에 도달할 때까지 얼굴은 어드레스 때처럼 바닥을 향하고 있었다.

옆에 보내도록 해야죠. 느낌을 가져야 해요. 완벽하게 스핀은 걸리지 않았지만 볼 중앙에서 시작해 볼 밑을 쳤어요. 볼이 날아갔고 스핀이 걸렸어요."

토스키는 볼에 스핀을 최대한 넣기 위해 스윙 시 몸의 움직임을 최소화했다. 그리고 볼이 날아간 후에 여유 있게 볼을 응시했다. 스핀을 만들어야 하는 임팩트에서는 몸의 움직임이 없어야 하기 때문인 것 같았다.

4) 스핀성 칩샷은 클럽페이스를 열고 안쪽으로 스윙한다

"스핀성 칩샷을 만들기 위해 중요한 것이 있어요. 볼의 중심선을 진하게 그리세요. 눈에 잘 보이게 만들어야 합니다. 클럽이 이 선에 접근했을 때 볼 밑을 잘 파고들어야 합니다. 밑을 말이죠. 파고들어 가면서 안쪽으로 들어와야 합니다. 채가 안쪽으로 들어오면 볼은 스핀이 걸리죠. 볼이 우측으로 살짝 휘어지는 것을 보게 됩니다. 이것은 바로 완벽한 스핀성 칩샷이라는 것을 증명하는 것이지요."

토스키는 날아가는 볼이 풀 슬라이스 형태가 될 때 가장 이상적인 스핀성 칩샷이라고 했다. 클럽헤드가 목표 선보다 살짝 바깥쪽에서 안쪽으로 이동되면서 만들어질 때 나타날 수 있다고 했다. 토스키는 스핀성 칩샷에서 클럽페이스의 중요성도 강조했다.

"클럽페이스를 열어 놓으세요. 클럽이 열리면 당연히 우측으로 향하게 되고 스윙은 안쪽으로 들어오면서 치게 됩니다. 그러면 볼은 더 잘 뜨게 되죠."

토스키는 홍희선 프로에게 스핀성 칩샷을 쳐 보게 했다.

"자, 보세요. 홍 프로가 얼마나 훌륭한 선수인지 몰라요. 모든 프로 골퍼는 이런 과정을 거쳐 왔죠. 저는 모든 샷을 구사할 수 있습니다. 그래서 제가 골프를 잘 치는 거예요. 제가 무수히 다양한 샷을 할 때 다른 선수들은 다 구사하지 못했죠. 그래서 제가 볼을 홀에 더 가까이 붙일 수 있었던 것입니다. 다른 선수들은 제가 운이 좋았다고 생각했죠. 아니에요. 제가 더 똑똑했던 것이죠. 더 많은 샷을 할 수 있었으니까요. 홍 프로도 그 모든 샷을 할 수 있는 능력이 있어요."

토스키는 늘 자신감이 넘쳤다. 그리고 그러한 자신감을 행동으로 보여 주었다.

"저는 51년 동안 골프를 가르쳐 왔습니다. 하지만 그들을 이해시키고 감각을 체득시키기 위해 오랜 시간이 걸렸이요. 대부분의 저의 제자는 스윙을 한두 번 해서 습득하지 못합니다. 느낌과 감각이 떨어지기 때문이죠. 그래서 오랜 시간이 걸렸고요."

08 짧은 아이언샷은 정확한 임팩트가 생명

쇼트아이언 샷-조준과 볼의 위치

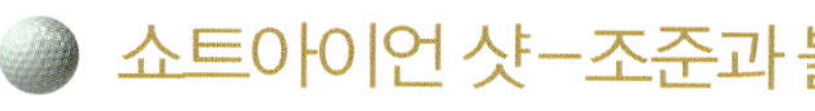

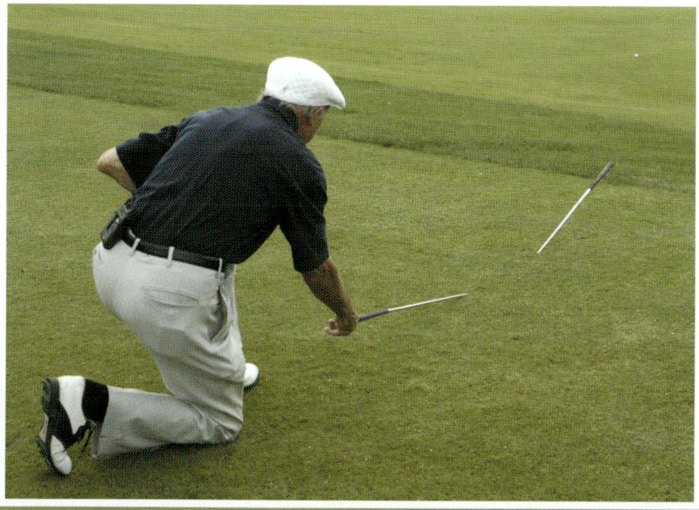

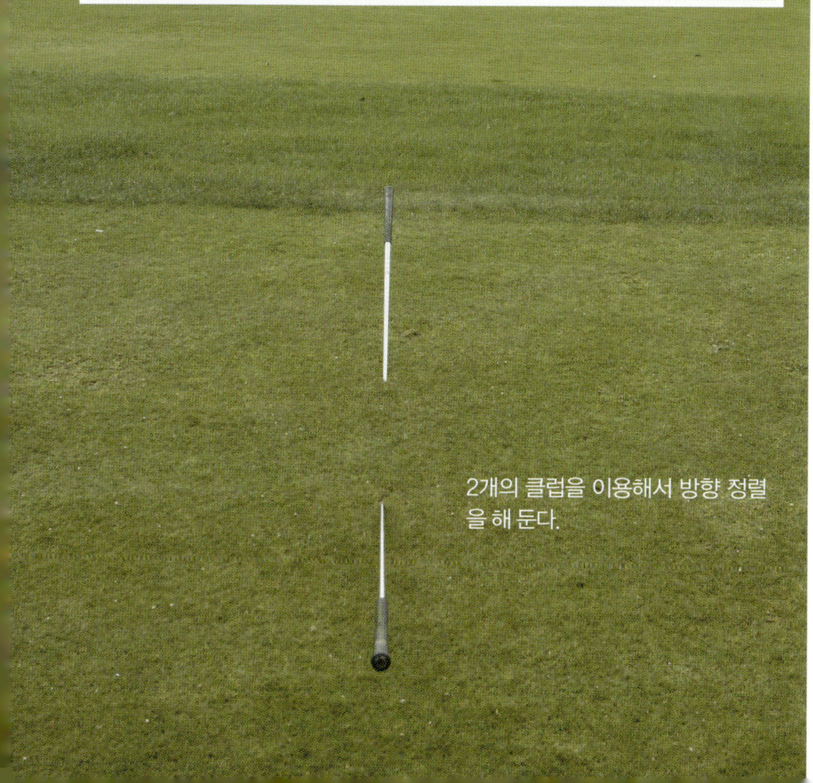

2개의 클럽을 이용해서 방향 정렬을 해 둔다.

밥 토스키의 레슨을 통해 두 가지를 느꼈다. 그는 논리적인 표현보다 감각적 표현을 중요시했고, 레슨의 표현법이 다른 레슨 프로들과 달랐다. 또한 레슨을 받는 골퍼의 샷을 보면서 예리한 설명과 함께 직접 시범을 보여 주었다. 주장이 매우 강한 편이었다.

쇼트게임에서 시작한 레슨은 분야별로 강한 메시지가 있었다. 자신감 이상의 그 무엇이 있었다. 오랜 세월 골프와 함께한 삶에서 나오는 것 같았다. 토스키는 쇼트아이언에서 조준과 볼의 위치가 가장 큰 역할을 한다고 했다. 그러면서 레슨에 들어가기 전 헤드가 없는 클럽샤프트를 볼의 앞쪽과 뒤쪽에 비스듬히 꽂아 두었다.

밥 토스키가 홍희선 프로에게 쇼트 아이언의 샷 요령을 설명하고 있다.

쇼트아이언 연속 동작

쇼트아이언을 이용한 홍희선 프로의 샷. 패어 나가는 디봇을 통해 클럽페이스가 타깃 방향을 향하고 있음을 알 수 있다.

1) 임팩트 시 클럽페이스는 스퀘어 상태로 타깃 방향으로 진행시킨다

"130야드에서 저는 8번 아이언을 사용합니다. 볼을 칠 때 불필요한 힘을 쓰지 않기 위해 거리보다 클럽을 여유 있게 선택합니다. 8번 아이언을 쇼트아이언이라고 생각하고 샷을 합니다. 일반적으로 골퍼들은 짧은 채를 가지고 너무 멀리 보내려고 샷을 합니다. 쇼트아이언 샷에서는 클럽페이스의 역할이 중요합니다. 어드레스 때는 절대적으로 스퀘어 상태를 유지해야 합니다. 보통 골퍼들은 못 느끼지만 살짝 열어 놓거나 닫힌 상태에서 샷을 합니다. 그러면 임팩트 순간에 인위적으로 만들어 치게 되지요. 쇼트아이언을 가지고 샷을 할 때 임팩트 순간이 매우 중요합니다. 로프트가 상대적으로 크기 때문에 방향이 좌우로 더 많이 휘어지게 됩니다.

2) 연습 때는 샤프트를 타깃 방향 앞뒤로 꽂고 목표를 향하게 스윙한다

천연 잔디가 있는 곳에서 쇼트아이언 샷을 연습할 때는 백스윙 모습과 임팩트 이후 스윙의 진행이 중요하다. 토스키는 비스듬히 꽂아 둔 샤프트의 경사도를 따라 백스윙과 폴로를 해야 샷의 탄도를 자연스럽게 조절할 수 있다고 했다.

"자, 이제 스윙을 해 보세요. 꽂아 둔 샤프트가 향하는 곳으로 스윙하세요. 뒤에서 지켜보면 실제 스윙 시 클럽헤드가 얼마나 정확히 진행되는지 느끼게 됩니다. 홍희선 프로는 백스윙 시 채를 안쪽으로 가져가 볼이 목표보다 왼쪽에 떨어지는 것을 볼 수 있었어요. 땅에 꽂아 둔 샤프트를 따라 스윙해 보면 방향성이 좋아집니다. 백스윙과 폴로를 할 때 클럽이 밑에 놓인 샤프트 위로 지나간다고 생각하면 됩니다. 이런 것을 손으로 느낄 수 있어야 합니다. 그때 볼을 약간 깎아 치는 느낌도 갖게 되지요.

이제 홍 프로가 볼을 치는 순간 페이스가 열렸다는 느낌을 받을 수 있어요. 볼이 우측으로 날아갈 것 같은 느낌을 가질 수도 있고요.

하지만 볼이 바로 날아가는 것은 쇼트아이언을 가지고 샷을 했을 때 클럽페이스가 살짝 닫혀 있었다는 것을 말해 주는 것이지요. 그래서 평균적으로 쇼트아이언으로 공략했을 때 볼이 핀보다 왼쪽에 떨어졌던 것이지요.”

3) 쇼트아이언 샷을 할 때 볼을 왼발 뒤꿈치에서 너무 많이 벗어나지 않도록 중앙보다 살짝 왼쪽에 둔다

토스키로부터 볼의 위치에 관한 이야기를 들었을 때 남다르다는 느낌을 받았다. 토스키의 스윙 철학이 벤 호건과 같다는 생각도 들었다.

“제가 오래전 미디어 관련 일을 했을 때 만나는 선수들마다 볼의 위치를 재 보았어요. 중심보다 왼쪽에 놓이는 것을 알았지요. 이런 볼의 위치는 몸의 회전을 잘되게 해 주지요.”

토스키는 볼이 뒤쪽에 있으면 체중 이동이 어렵다고 했다. 볼이

쇼트아이언 샷의 방향성을 높이기 위해 밥 토스키는 두 개의 클럽을 목표 방향에 꽂아 두었다.

클럽을 2개 꽂고 샷을 하는 홍희
선 프로

뒤쪽에 있으면 몸이 따라가지 못한다는 것이었다. 팔만 내려와 엎어 치듯이 샷이 되고 팔과 몸이 멀리 떨어져 휘두르게 된다고 했다. 토스키의 체중 이동 강조에 매우 공감했다. 하지만 현대 골프에서 주장하고 있는 '체중 이동-볼'의 위치 관계와 차이가 있다고 느꼈다. 토스키가 말하는 볼의 위치에서 체중 이동을 하기 위해서는 또 무엇인가가 필요할 것 같았다.

4) 볼을 앞쪽에 놓아야 임팩트 시 충분한 시간을 갖고 클럽페이스가 스퀘어가 되도록 만들 수 있다

"볼을 중심보다 오른쪽에 놓으면 볼을 제대로 칠 수 없어요. 볼이 앞쪽에 놓여야 다운스윙을 하면서 임팩트까지 클럽페이스가 스퀘어 상태에서 볼과 만나게 되지요. 또한 다운스윙 시 팔꿈치가 리드하는 시간을 주어야 합니다. 팔꿈치가 반드시 손목을 끌고 내려와야 헤드 스피드를 낼 수 있지요. 이러한 관계를 좀 더 자세히 알아보기 위해 스윙 시 무릎의 위치와 4분의 3 스윙을 통해 설명드리지요."

쇼트아이언의 어드레스 모습.
볼의 위치가 앞쪽에 있어야 충분한 시간을 갖고 클럽페이스가 스퀘어 상태로 볼과 만난다.

09 임팩트 때 움직일 것은 두 무릎이다

쇼트아이언 샷 – 무릎의 역할과 4분의 3 스윙

쇼트아이언 스윙 시 무릎의 역할을 설명하는 밥 토스키. 이러한 무릎의 모양은 벤 호건의 스윙 동작에서도 볼 수 있다.

쇼트아이언의 임팩트 직후 모습. 다운 스윙 시 무릎을 리드해 왼쪽 다리를 앞으로 내밀어 준다.

현대 골프에서는 간결한 스윙을 강조한다. 스윙 시 몸의 움직임을 최소화하면서 최대 비거리를 만들어 내야 한다. 몸의 움직임을 최소화한다는 말은 방향성을 강조한다는 뜻이다. 최대 비거리를 만들기 위해서는 체중 이동과 몸의 회전이 중요하다. 현대 골프에서는 이 두 가지를 만족시키기 위해 강한 하체를 요구한다. 강한 하체의 저

항감으로 샷을 멀리 보내게 만든다.

최근 몇 년간 LPGA의 상금왕은 멕시코 출신의 로레나 오초아에게 돌아갔다. 1m 65cm의 중키에 57kg의 몸무게지만 드라이버 평균 거리 275야드로 단연 1위다. 오초아는 자신의 샷 거리와 방향이 강한 하체의 움직임에서 나온다고 했다. 이러한 흐름은 1930년대의

홍희선 프로의 쇼트아이언 스윙 연속 동작

클래식한 스윙과 매우 다르다. 과도기에 현대 골프의 출발을 이끈 벤 호건이나 밥 토스키와 차이가 있는 부분도 바로 여기다.

토스키가 설명하는 볼의 위치를 이해하기 위해서는 또 다른 무엇이 입증되어야 한다고 보았다. 토스키는 자신의 스윙에서 무릎의 움직임이 중요하다고 강조했다. "임팩트 시 일어나는 다른 현상을 증명하겠습니다. 임팩트 시 몸의 어느 부분이 가장 왼쪽으로 이동돼 있을까요. 모두 엉덩이라고 합니다. 하지만 틀렸습니다"라고 목소리를 높였다.

1) 임팩트 시 가장 앞쪽으로 이동되는 신체 부위는 무릎이 되어야 한다

"제가 임팩트에서 멈추어 보겠습니다. 제가 멈추면 샤프트를 똑바로 대 주세요. 자, 어느 부분인가요? 샤프트에 가장 먼저 닿는 부분이 바로 왼쪽 무릎이네요."

임팩트 후 토스키의 왼쪽 무릎은 접힌 채 목표 쪽으로 많이 나가 있었다. 중심보다 왼쪽에 놓인 볼을 치기 위해 몸은 왼쪽으로 이동했어야 했다.

"엉덩이가 아니에요. 만약 엉덩이가 제일 많이 나간 부분이었다면, 제 머리가 완전히 왼쪽으로 쏠려 있겠죠. 많은 골프 지도자는 무릎이 제일 많이 나가는 신체 부위라는 점을 모르고 있죠. 스윙을 하면서 엉덩이가 어디로 가죠? 몸 중앙을 축으로 돌아요. 왼쪽으로 말이죠. 엉덩이는 왼쪽으로 돌아가고, 무릎이 나가는 거죠. 골퍼들의 몸이 뒤에 있어 몸을 돌리려고 할 때 무릎이 리드를 안 하면 임팩트의 위치가 절대 맞지 않을 것입니다. 무릎이 받쳐 주이야 해요."

2) 다운스윙 시 무릎을 리드해 왼쪽 다리를 앞으로 내밀어 준다

"이렇게 하면 몸이 안정적으로 다운되면서 볼을 칠 수 있죠. 몸이 들리지 않아요. 임팩트가 좋지 않은 골퍼들을 보면 몸이 항상 들리

밥 토스키의 쇼트아이언 스윙 연속 동작

지요."

토스키의 스윙 논리는 이러했다. 체중 이동의 시작은 왼쪽 무릎이 목표 쪽으로 나아가야 제대로 된다는 것이다. 토스키의 볼 위치는 중심보다 왼쪽에 놓여 있으므로 왼쪽 무릎의 이러한 역할은 타당해 보인다. 만약 쇼트아이언을 가지고 스윙할 때 볼의 위치가 중심보다 오른쪽에 있었다면 무릎의 이동은 볼을 오른쪽으로 밀려 나가게 하는 푸시볼을 만들었을 것이다.

3) 4분의 3 스윙으로 피니시에서 클럽을 타깃 방향으로 멈추게 한다

"쇼트아이언 샷에선 거리도 중요하지만 방향성이 생명이지요. 실력 좋은 선수들을 보세요. 볼이 가는 방향으로 멈추지요. 드라이버를 친다면 밖으로 뿌려 줘야 하니까 풀스윙을 하지요. 하지만 이 상황에서는 풀스윙이 필요하지 않아요. 훌륭한 선수들을 보면 임팩트 이후 클럽을 잡고 있지요. 볼이 날아가는 선상에서 멈추게 됩니다."

4) 무릎을 컨트롤해 엉덩이를 움직여라

"쇼트아이언을 가지고 샷하는 모습을 보면 낮은 자세로 볼을 칩니다. 무릎은 이런 자세를 유지시켜 줍니다. 무릎은 엉덩이를 움직여 컨트롤합니다. 백스윙 시에도 오른쪽 무릎을 펴서는 안 됩니다. 살짝 구부려져 있는 상태를 유지하면서 스윙을 해야 합니다. 볼 앞에 디봇을 만들어야 하는 상황이라면 클럽은 낮게 있어야 하지요. 왼쪽 무릎을 최대한 잡을 수 있어야 볼을 제대로 칠 수 있다는 것입니다. 그리고 끝까지 볼이 타깃 쪽으로 기도록 뿌려 줄 수 있지요."

결론적으로 토스키에 따르면 빠른 그린이거나 핀의 위치가 앞에 있으면 풀스윙보다 4분의 3 스윙으로 컨트롤 스윙을 해야 한다. 볼이 날아가는 선상에서 피니시 동작을 잡으려고 노력해야 한다.

롱아이언샷 요령

주말 골퍼가 싱글 핸디캡 골퍼가 되기 위해 꼭 넘어야 할 벽이 있다. 바로 5번, 4번 아이언의 자연스러운 스윙 능력이다. 연습량이 부족한 골퍼들에게 롱아이언은 일주일에 한두 번 잡아 보기도 힘든 클럽이다. 필드에서 선택해야 할 경우에는 왠지 스윙만 급해진다. 스윙에서 중요한 리듬 자체가 사라진다는 뜻이다. 롱아이언을 가지고

밥 토스키가 롱아이언 샷을 설명하고 있다. 몸의 체중을 오른쪽에 둬야 한다는 것.

피니시 때 체중은 왼발에 옮겨야 볼의 방향성을 지킬 수 있다.

꼭 쳐야 할 상황이라면 골퍼들은 생각부터 바꾸어야 한다. 힘이 아니라 스윙의 크기가 볼의 거리를 결정한다는 것이다. 즉, 멀리 보내기 위해서는 과도한 몸의 움직임을 줄이고 더 정교하게 스윙해야 볼이 클럽에 묻어 멀리 날아간다. 이런 점은 골퍼들이 받아들이기에는 너무나 먼 이야기다. 당장 5번, 4번 아이언을 잡으면 불안하고 힘만 들어간다. 이런 문제점은 대부분의 골퍼에게서 나타난다. 50여 년간 현장에서 골퍼들을 지도해 온 당대 최고의 교습가 밥 토스키의 롱아이언 노하우는 무엇일까?

가장 먼저 언급된 내용은 어드레스에서 볼의 위치와 몸의 자세였다. 5번, 4번 아이언을 제대로 사용하기 위해서는 기본 자세가 반 이상 차지한다고 했다.

1) 볼의 위치는 미들·쇼트 아이언보다 좀 더 왼발 쪽에 놓는다

일반적으로 볼의 위치는 늘 듣는 이야기다. 기본이 되는 진리, 토스키의 롱아이언 철학을 들어 보았다.

"5번 아이언을 사용할 경우 볼의 위치는 왼발 뒤꿈치 쪽에 가까워져야 합니다. 드라이버의 경우는 5번 아이언보다 더 왼쪽이 되겠지요. 그래야 몸을 쉽게 회전시킬 수 있어요. 물론 몸의 회전과 함께 만들어지는 것이 바로 체중 이동이겠지요. 볼의 위치와 체중 이동은 중요해요. 왼쪽에 볼이 놓이면 5번 아이언으로 샷을 할 경우 체중 이동이 자연스러울 수 있다는 것이지요. 체중 이동을 하면서 몸이 돌아가는 시간을 충분히 가질 수 있습니다. 시간 여유가 많아질수록 스윙할 때 지탱할 수 있는 파워가 더 생깁니다. 볼의 위치가 상대적으로 너무 오른발 쪽에 놓일 경우 문제가 생겨요. 체중 이동을 하면서 몸을 회전시킬 시간적 여유가 없어지지요. 그래서 롱아이언에서 볼의 위치가 중요하다는 겁니다."

토스키는 홍희선 프로의 어드레스를 살폈다. 5번 아이언의 세트업 자세를 취한 볼 위치는 토스키의 생각보다 더 오른쪽에 놓여 있었다.

"홍 프로는 잘하는 부분이 많아요. 단지 제가 걱정하는 것은 어드레스 때 볼의 위치입니다. 너무 뒤쪽에 놓고 치는 경향이 있어요. 스윙할 때 상체와 하체를 지탱하기 위한 파워를 원한다면 볼의 위치를 정확히 해야 합니다. 그래서 클럽의 길이가 길어질수록 볼의 위치가 왼발 뒤꿈치 쪽으로 가까워져야 한다는 것이지요."

2) 클럽페이스 방향은 타깃 라인을 정확히 향하도록 조준한다

"롱아이언을 사용할 때 클럽은 목표와 정확히 직각 상태를 유지해야 합니다. 누구나 아는 이야기 같지만 많은 골퍼가 그렇지 못해요. 일부 골퍼는 클럽을 살짝 열고 샷을 합니다. 임팩트 순간 양손을 돌려 쳐야만 볼을 보낼 수 있지요. 다른 부류의 골퍼들은 클럽페이스를 닫고 샷을 합니다. 대부분의 5번 아이언 미스샷은 슬라이스이기 때문이지요. 이것은 잘못된 생각입니다. 이런 생각으로 볼을 치면 스윙 자체를 교정하기 어렵지요.”

3) 손과 손목이 지탱할 만큼의 얕은 디봇을 만든다

“홍 프로는 디봇을 만들 필요가 없습니다. 큰 디봇을 내려면 그만큼의 힘을 손과 손목이 지탱할 수 있어야 하기 때문이지요. 디봇을 너무 깊게 내려고 욕심 내는 사람들은 손과 손가락 그리고 팔이 그들이 원하는 만큼 버티지 못하기 때문에 미스샷을 하게 되지요. 그래서 홍 프로는 디봇 만드는 것에 너무 신경을 안 써도 됩니다. 일반적으로 여자는 남자만큼 힘이 없기 때문에 남자보다 깊은 디봇을 만들지 못해요.”

홍희선 프로의 롱아이언 연속 동작

4) 어드레스 때 체중을 오른쪽에 싣는다

"아널드 파머의 디봇은 두껍고 길게 나는 편이에요. 아주 힘이 장사죠. 충분한 힘과 스피드를 낼 수 있는 준비가 되면 그제야 비로소 스윙할 준비가 되는 것이지요. 하지만 홍 프로는 좋은 스윙을 가지고 있어요. 볼의 위치가 앞쪽으로 움직일수록 체중은 앞쪽으로 실립니다. 그리고 치핑이나 쇼트게임을 할 때만 체중을 왼쪽에 실어 줍니다. 왜냐하면 하늘로 볼을 힘차게 날려 보내는 샷이 아니기 때문에 그냥 서서 팔만 움직이면 되니까요."

롱아이언을 잘 치는 것은 쉽지 않다. 많은 연습량이 필요하다. 하지만 롱아이언을 피해서는 진정한 싱글 핸디캡 골퍼가 될 수 없으므로 시작이 중요하다. 가장 기초가 되는 원칙부터 다져 가면 좋은 결과를 만들 수 있다.

먼저 체중을 이동한 뒤 쓸어 치듯 스윙해라

페어웨이 우드샷 요령

밥 **토스키**의 우드샷 시범. 왼쪽으로 체중을 이동한 뒤 클럽이 볼을 향해 움직이고 있다.

5번 우드니 3번 우드는 특별히 스윙의 리듬을 중요시하고 필요로 한다. 이 클럽을 사용하는 골퍼들은 다른 클럽을 선택해 스윙할 때보다 성급해지고 더 많은 욕심을 가지게 되는 듯하다. 특히 파5 홀에서 안이한 생각으로 5번, 3번 우드를 잡았다가 그 홀을 망치는 경우를 종종 본다.

우드샷은 가장 공격적이면서도 신중해야 하는 양면성을 가진 샷이다. 잘 사용하면 점수를 줄이는 데 큰 역할을 하지만 실수하면 적어도 2점 정도는 쉽게 잃는다. 싱글을 꿈꾸는 골퍼들에게 5번, 3번 우드샷은 많은 연습 시간을 요구한다. 우드샷의 결과가 힘이나 스피드에 좌우된다는 생각을 하는 골퍼가 많은데, 이런 생각은 리듬감을 잃게 만들기 쉬우므로 위험하다. 밥 토스키의 우드샷 비법은 무엇일까.

1) 가장 낮은 스윙 궤도를 그리며 쓸어 치는 샷으로 디봇이 남지 않게 친다

"3번 우드를 가지고 시작하겠어요. 저는 잔디가 잘 정돈된 250야

페어웨이 우드샷에서 손과 손목의 움직임

❶ 다운스윙까지 끌고 내려온다.
❷ 손등이 볼 쪽을 향하도록 손등의 모습을 유지한다.
❸ 페어웨이 우드의 임팩트 모습.

드 지점으로 공을 치겠어요. 볼을 치면서 디봇이 남지 않도록 해야
합니다. 스윙할 때 스윙의 가장 낮은 지점을 눈으로 한번쯤 쳐다보
아야 해요. 그리고 클럽이 볼과 만나게 되지요. 너무 빨리 채를 들어
올리지 말아야 합니다."

　토스키는 3번 우드샷을 일명 '쓸어 치는 샷'이라고 했다. 쓸어 치
면서 스윙이 만들어진다는 것이다. 쓸어 치는 샷에서 중요한 것은
볼의 위치와 몸의 정렬선이다.

**밥 토스키의 페어웨이 우드샷
연속 동작**

2) 볼은 왼발 발꿈치 안쪽으로 놓고 무게중심은 오른쪽 다리에 둔다

"자, 여기서 반드시 지켜야 할 것은 3번 우드를 칠 때는 볼의 위치를 왼쪽에 두어야 한다는 것입니다. 보세요. 왼발 발꿈치에 더 가까워졌습니다. 그리고 체중도 오른쪽에 더 실려 있어요.

하체 오른쪽이 부드러워야 몸을 낮게 계속 유지할 수 있어요. 몸의 회전을 더욱더 쉽게 할 수 있다는 것이지요. 무릎이 뻣뻣해 잘 구부러지지 않고 몸의 높이가 높으면 몸을 잘 돌릴 수가 없지요. 결과적으로 더 가파르게 스윙할 수밖에 없습니다. 오른쪽 다리에 70%, 최소한 60%의 체중이 실려 있어야 합니다. 그다음에 스윙하면서 왼

쪽으로 체중 이동을 하는 것이지요. 체중을 왼쪽에 실어 시작하고 다시 오른쪽으로 옮겼다가 왼쪽으로 체중이 이동되는 것은 잘못된 것입니다. 몸동작이 너무 많아져요."

3) 먼저 체중 이동을 함으로써 클럽의 스피드를 적절하게 리드한다

토스키는 몸의 움직임을 지탱하기 위해 체중이 이동돼야 한다고 강조했다. 골프채는 앞으로 나가려는 성질이 있기 때문에 체중도 앞쪽으로 움직이면서 몸이 돌아야 한다. 체중이 이동됨으로써 클럽이 너무 빨리 도는 것을 막아 준다. 토스키는 어떤 사람들은 간혹 너무 체중이 이동되고 자세가 낮아 볼을 잘 칠 수 없다고들 얘기하는데 과한 체중 이동을 할지라도 체중 이동을 전혀 하지 않는 것보다는 훨씬 좋다고 했다.

토스키는 홍희선 프로의 3번 우드샷을 살폈다.

"홍 프로가 다운스윙을 할 때 샤프트가 몸에서 얼마나 빨리 떨어져 나가는지 보았나요? 15~20㎝ 왼쪽으로 떨어져 나갔어요. 어떻게 그쪽으로 갔죠? 체중 이동을 해야 하지요. 만약 그냥 돌리면 어떻게 되지요? 만약 체중 이동을 하지 않으면 샤프트만 내려오게 돼요. 제가 가르치는 골퍼의 90%가 볼을 치면서 체중이 오른쪽에 남아 있어요. 체중 이동의 중요성을 정말 몰라서 그래요."

토스키는 체중 이동 문제점을 날카롭게 지적했다. 아마추어 골퍼들이 3번 우드샷을 할 때 체중 이동의 문제점이 샷의 방향에 얼마나 중요한 영향을 주는지 이야기하려는 의도였다.

4) 손과 손목을 사용해 클럽헤드의 스피드를 올리고 스퀘어 상태로 임팩트한다

"제가 왼쪽으로 체중 이동을 하면서 손을 끌고 내려올 때 제 손목시계를 보세요. 제 손목시계는 바깥쪽을 향하고 있어요. 그리고 내

려오면서 완벽하게 스퀘어가 되지요. 바로 제 손 때문이에요. 스피드를 빠르게 만들어 주는 손, 손가락 그리고 팔의 힘은 위에서 밑으로 전달되죠. 힘은 밑에서 위로 올라가지는 않아요. 이 부분에서 스피드를 가질 수 있습니다. 스피드를 늘리기 위해 손과 손목의 힘이 아닌 몸으로 내려고 하면 큰일 납니다. 만회할 기회조차 잃어버리는 것이지요."

토스키는 손의 움직임이 강할수록 볼을 치고 나아가는 힘도 강하다고 하였다. 왼쪽으로 체중 이동을 하면서 왼쪽 무릎도 함께 나간다. 무릎이 리드하면서 팔도 따라 내려온다. 그리고 하체의 움직임이 멈추면 손이 회전하기 시작한다. 결론적으로 토스키의 3번 우드 철학은 아주 기본적 세트업 자세에서 체중 이동까지 연결되는 고리의 역할을 중요시하고 있다. 과감하면서도 리듬과 함께 조화를 이루는 스윙만이 3번 우드샷을 성공시키는 길이다.

페어웨이 우드샷의 잘못된 예

❶ 임팩트 시에 상체를 우선적으로 움직여서는 안 된다.
❷ 임팩트 시에 체중이 오른쪽에 남아 있으면 볼이 높게 뜨고 거리도 심각하게 줄어든다.

12 장타 치려면 기초체력부터 다져라

파워 드라이버샷 요령

가장 이상적인 티의 높이는 드라이버 헤드의 윗부분이 볼의 중심선에 오도록 하는 것이다.

유연성이 떨어지기 시작하는 50대 이상 골퍼들은 비거리 감소에 매우 예민하다. 심지어 70대를 넘어선 골퍼들조차 비거리 때문에 고민한다는 사실에는 놀랄 정도다. 하지만 골프에서 희망은 희망, 현실은 현실이다. 기술 이전에 몸부터 만들어야 한다. 이른 아침에 40분, 잠들기 전에 50분가량 일주일 정도 체력 훈련을 해야 비로소 비거리 20야드 늘리기가 가능하다. 이러한 관점에서 본다면 80세가 넘은 밥 토스키가 이븐파를 친다는 사실이 단지 그가 프로이기 때문만은 아닐 것이다.

"자, 이제 드라이버를 치죠. 제 친구 벤 호건이 했던 것을 보여 주겠습니다. 티의 높이는 더 높아지겠죠? 드라이버를 칠 때 왜 위로 스윙해야 하는지 증명하겠습니다. 볼이 클럽페이스보다 더 높이 있기 때문에 스윙을 위로 향하게 해야 합니다. 볼이 낮게 있으면 클럽도 낮게 깔아 치게 되겠죠. 이러한 것을 제 눈이 뇌에게 전달하게 되죠. 다운스윙은 두 종류가 있어요. 밑으로 깔아 치는 것과 위로 올려

드라이버샷 시 어드레스의 임팩트

❶ 체중이 오른쪽에 충분히 실려 있어야 올바른 어드레스이다.
❷ 올바른 어드레스 이후 만들어진 임팩트 모습. 이때, 머리의 위치는 볼보다 약 30cm 뒤쪽에 놓인다.
❸ 임팩트 이후 릴리스 초기 모습. 클럽페이스가 목표를 향하게 하고 양팔을 함께 뻗는다.

밥 토스키의 드라이버샷 연속 동작

홍희선 프로의 드라이버샷 연속 동작

강의를 마치고 전욱휴 프로와 포즈를 취한 밥 토스키.

치는 것이지요. 잭 니클라우스는 모든 스윙이 다 같다고 했습니다. 하지만 다 같지 않아요. 아이언처럼 드라이버를 쳐 보세요. 디봇이 생기겠죠. 그리고 드라이브샷을 칠 때는 머리의 고정이 매우 중요합니다. 1953년 호건의 예를 들어 보겠어요. 호건은 샷을 칠 때마다 머리는 절대 고정했어요. 제가 볼을 치면 클럽은 제 몸 중심으로 돌아갑니다. 클럽이 올라갈 때 제 머리가 어떻게 되는지 보셨나요? 제 머리가 이렇게 뒤쪽에 남아 있게 됩니다. 왜냐하면 원동력이 위로 가기 때문이죠. 그리고 힘이 위로 올라가면 제 머리가 자연스럽게 뒤로 가게 되죠."

1) 톱 동작에서 왼발이 쉽게 들릴 정도로 우측 다리에 체중을 실어라

토스키는 전반적인 스윙의 역학적 자세에 대해 이야기한 후 백스윙 동작에서 강조할 점을 설명했다. 유연성이 떨어지기 시작하는 나이가 되면 백스윙 자세부터 체중이 오른발로 덜 전달된다. 백스윙을 하면서 양어깨를 회전시키기보다 몸을 들어 올리기 때문이다. 하지만 스윙할 때마다 왼발이 쉽게 들릴 정도로 우측 다리에 체중을 느끼게 된다면 시니어 골퍼들도 체중 이동을 할 수 있다. 사실 이 대목에서 보면 현대 골프에서 강조하는 스윙의 원리와 약간 차이가 있음을 보게 된다. 즉, 유연성의 부담이 덜한 골퍼들이라면 하체의 움직임을 최소화하면서 양어깨를 최대로 돌려야 한다는 것이다. 단, 왼발이 들릴 정도라면 파워를 잃게 만들 수도 있다는 것을 기억해 둘 필요가 있다.

2) 클럽헤드가 임팩트까지 낮게 폴로가 되도록 스윙한다

토스키는 드라이브샷을 올려 쳐야 한다는 표현을 했다. 샷을 올려 치기 위해 우선되어야 할 과제가 있다. 백스윙 초기에 양손과 클럽만 번쩍 들어 올려서는 안 된다. 클럽헤드가 바닥을 낮게 지나가도록 만들어야 한다. 왼쪽 어깨가 살짝 내려가면서 클럽과 양팔이 동시에 움직여 가야 한다. 이러한 진행은 스윙을 가파르게 내려오게 하지 않고 완만하게 다운되도록 한다. 결과적으로 임팩트 이전부터 살짝 떠올리면서 스윙이 된다는 점을 강조하고 있다.

3) 임팩트 후 오른팔이 샤프트와 평행하게 잡아 주어서 빨리 돌아가는 것을 막는다

토스키는 볼이 힘차게 날아가게 하기 위해 임팩트 이후 동작을 강조했다. 릴리스가 파워 스윙에서 얼마나 중요한지 강조하는 대목이다. 대부분 스윙의 문제점은 다운스윙에서 만들어진다. 하지만 임팩트 이후 오른팔의 역할만 제대로 이해해도 방향성과 비거리를 살릴 수 있다. 임팩트 이후 오른팔을 목표 방향으로 쭉 뻗는 자세를 만들어야 한다. 물론 들고 있는 클럽과 함께 목표 방향으로 뻗어 낼 때 릴리스 동작이 만들어진다. 이때 이러한 동작을 만들어 내기 위해 오른쪽 어깨가 몸의 중심선을 넘어서지 않고 뻗어 내야 릴리스가 된다. 많은 골퍼가 볼을 치면서 일어나거나 양어깨를 너무 일찍 목표로 회전시켜 릴리스 동작을 느끼지 못한다.

홍희선 프로에게 동작 하나하나를 세세하게 지도한 밥 토스키.

4) 피니시에서 몸은 앞쪽으로 돌아가지만 머리는 스윙 후 뒤쪽에 남도록 고정한다

토스키는 임팩트 이후 파워를 최대로 만들어 내기 위해 끝까지 머리의 동작을 강조했다. 피니시 동작에서 머리는 약간 뒤쪽에 놓인 느낌이 필요하다고 했다. 오른쪽 어깨를 순간 들어 올려 머리까지 앞쪽으로 나아가게 하는 아마추어 골퍼들의 모습을 가장 좋지 않은 피니시 자세라고 강조했다. 마지막으로 유연성이 떨어지는 시니어 골퍼들은 샷 동작도 중요하지만 샷을 힘차게 할 수 있는 골프 스트레칭을 매일 하는 것이 더 중요하다고 강조했다.

릭 스미스
Rick Smith

미국 동부의 티뷰론 골프클럽에서 골프아카데미를 운영하고 있다. ESPN과 폭스 스포츠넷 등 많은 매체를 통해 골프 강습을 해 온 그는 미국《골프 다이제스트》가 뽑은 세계 최고의 지도자 5인에 선정되기도 했다. PGA챔피언십과 두 차례 마스터스 우승자인 필 미켈슨과 골프 명예의 전당에 이름을 올린 아널드 파머, 메이저 대회 4회 우승자인 레이놀드 프로이드가 그의 도움을 받았다.

01 편안하면서도 스피드 있는 스윙 만들기

● 골프의 기본을 익히는 드릴

스미스의 첫인상은 매우 밝고 긍정적이었다. 그리고 학구적이었다. 이런 요소들에 기초한 레슨이 그를 세계 최고의 수준으로 끌어올렸을 것이다. 세계적인 선수를 지도한 노하우를 묻자 스미스는 기본에 충실할 것을 강조했다. 한국 골퍼들에게 전해 줄 비법에 대해서는 다양한 드릴을 이용해서 하나하나씩 풀어 가겠다고 했다. 우선 스미스의 골프 철학을 들어 보았다.

밝고 긍정적인 릭 스미스의 자세는 그의 레슨 스타일에서도 드러난다.

"골프 스윙은 여러분에게 계속 거짓말을 한다는 사실을 알아야 합니다. 볼이 생각과 다른 방향으로 날아갈 때 골퍼들은 영문을 몰라 합니다. 저는 선수들이 스스로 문제를 해결하는 능력을 키워 주고자 합니다. 최고의 기량을 가진 선수들이 골프 코스에서 자신의 행동을 인식하고 상황에 따라 다르게 행동하도록 합니다."

스미스는 골퍼들이 자신의 샷이 가진 문제점을 인식하고 수정할 수 있는 능력을 갖는 것이 중요하다고 말했다. 일방적으로 지식을 전달하려는 생각보다는 충분히 이해시키려는 데 큰 비중을 두는 듯했다.

"일반적인 골퍼의 경우 교습을 통해 손과 팔목을 움직이는 법, 스윙 자세, 그리고 클럽을 다루는 법을 익히게 됩니다. 그다음 몸의 자세를 교정받고, 최종적으로 익힌 것을 종합적으로 이용해 시너지 효과가 나도록 하지요. 많은 골퍼가 볼을 정확하면서도 멀리 치기를 원합니다. 비거리를 늘리고 싶다면 힘을 빼는 게 아니라 편안하고 스피드 있게 볼을 쳐야 합니다. 힘없이 볼을 치면 거리뿐 아니라 방향성까지 잃어버리게 되지요."

스미스는 골퍼들이 샷의 비거리와 방향성을 높이기 위해서는 기본 스윙 자세를 만드는 훈련을 해야 한다고 했다. 특히 백스윙이 순조롭게 돼야 전체 스윙에 파워가 만들어진다는 것이었다.

"저는 전체 스윙에 영향을 미치는 여러 연습 방법들이 활용돼야 된다고 봅니다. 골프채가 없어도 할 수 있는 연습이 꽤 있지요. 볼을 칠 시간이 충분하지 않을 때 스윙을 스스로 만들 수 있는 연습 방법을 소개하겠습니다. 가장 기초적인 것들입니다. 자세, 모션, 스윙할 때 팔의 움직임, 그리고 이 모든 것을 합친 종합적인 드릴을 보여 드리겠습니다. 우선 올바른 어깨 회전이 어떤 것인지 연구해 보죠."

1) 두 발을 어깨 너비보다 조금 넓게 벌리고 서서 왼발을 열어 준다

"상체와 하체가 곧게 펴지도록 하고 두 발의 폭은 어깨 너비보다 살짝 넓게 섭니다. 그리고 턱이 가슴에 닿지 않게 들어 주세요. 많은 사람이 스윙 시 머리를 내려 고정하라고 배웠을 것입니다. 머리를 내릴 경우 스윙 동작이 제한됩니다. 턱을 들면 양 방향으로 스윙하기 쉽습니다. 오른발은 열면 안 됩니다. 왼발은 살짝 밖으로 열어 주세요."

2) 엉덩이를 뒤로 빼고 무릎을 살짝 구부려 준다

"상하체가 팽팽한 느낌을 가지도록 서 주세요. 두 손을 엉덩이에 올려 주시고요. 그리고 꼬리뼈를 살짝 밖으로 밀면서 올려 주세요. 자, 이제 무릎을 살짝 구부려 주세요. 그러면 턱이 나오죠? 밑을 보세요. 무릎이 살짝 구부려져 있는 것을 볼 수 있을 것입니다. 이제 두 발이 용수철처럼 탄력 있는 느낌을 가질 수 있을 것입니다. 많은 훌륭한 선수들은 땅을 지지대 삼아 그들의 몸을 지탱합니다. 스피드를 내는 방법이죠."

3) 양팔을 가슴에 겹치고 몸의 동작만으로 회전한다

"골퍼의 몸은 역동적이어야 합니다. 팔과 손은 힘을 빼야 합니다. 손가락과 팔을 흔들어 주세요. 그리고 내려뜨려 주세요. 이제 자세를 잡겠습니다. 두 손을 양어깨에 올려 주세요. 하체는 고정하고, 상체가 어떻게 움직이는지 연습하겠습니다. 팔의 움직임 없이 몸의 움직임만 알아보는 것이지요. 두 손을 겹치게 하고 가슴을 뒤로 돌리세요. 90도 돌리세요. 체중이 오른발에 충분히 실리게 됩니다."

4) 밀고 돌리는 동작을 반복해 회전으로 인한 몸의 파워를 느낀다

"오른발을 밀고 돌리고 눈은 볼을 따라가야 합니다. 지금 저의 오

홍희선 프로의 어깨 회전을 위한 훈련법 (위)과 연속 동작(오른쪽).

01 *Check Point*

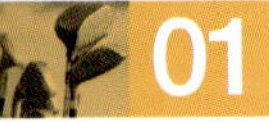

풀스윙을 충분히 그리고 빠르게 이해시키기 위해서 훈련법은 기본이 될 수 있다. 릭 스미스는 골퍼들이 고민하고 어렵다고 생각하는 잘못된 스윙 자세를 자신만의 독특한 드릴을 통해서 알리고 있다.

른쪽 무릎이 왼쪽 다리와 붙어 있네요. 오른발은 발가락으로 버티고 있죠. 만약 지금 신문지가 다리 사이에 있다면 완전히 구겨졌을 것입니다. 많은 사람이 피니시 동작 때 이렇게 팔을 구부립니다. 어깨 회전도 제대로 이루어지지 않지요. 이러한 문제는 어깨 회전 드릴을 통해 극복할 수 있습니다. 톰 왓슨이나 프레드 커플스가 페어웨이를 걸으면서 이런 드릴을 하는 모습을 보았을 것입니다. 티 박스 위에서도 같은 동작을 하곤 합니다. 이러한 드릴은 어깨의 회전을 충분히 만드는 데 결정적인 역할을 합니다."

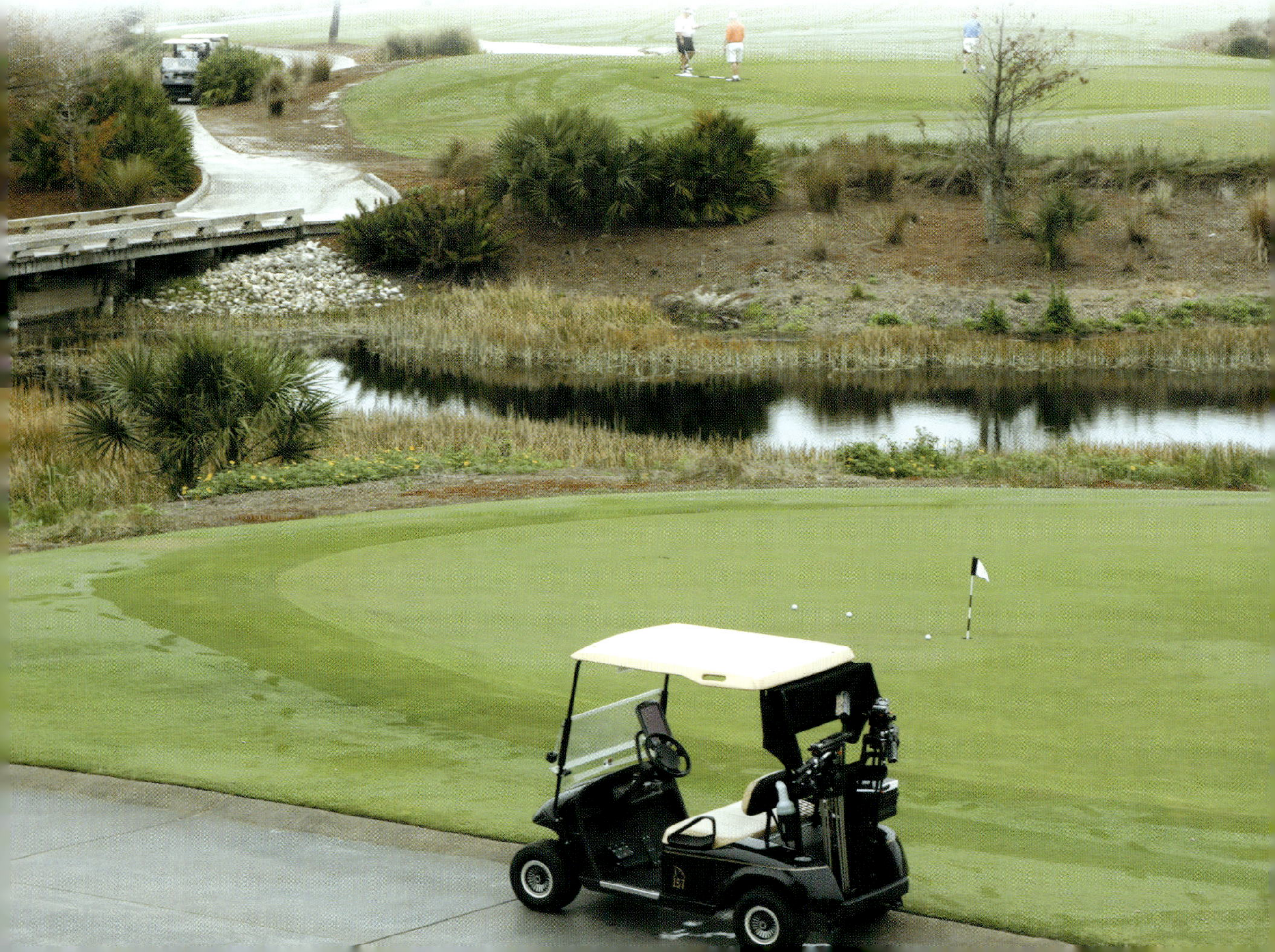

❶ 양손을 어깨에 대고 어드레스 자세를 잡는다.

❷ 양팔을 편하게 내려서 상체가 힘을 느끼지 못하게 한다.

❸❹❺ 양팔을 포개어 가슴에 대고 양어깨를 돌려서 백스윙 동작과 피니시 자세를 만든다.

백스윙 톱에서 오른팔은 L자 모양

파워 스윙을 위한 기본 동작

스윙 스피드를 향상시키기 위한 릭 스미스의 드릴. 오른팔이 'L'자를 그리는 것이 비결이다

릭 스미스는 기본 자세를 강조하는 교습가 중 한 명이다. 기본 동작을 통해 충분한 파워가 만들어진다고 강조한다. 근육의 동작을 잘 만들기 위해 반복적인 연습 동작, 즉 드릴을 중요시한다. 여기서는 '스윙 스피드 증대를 위한 몸과 팔의 움직임 드릴'과 '올바른 스윙 톱 자세 만들기 드릴'을 소개한다. 두 가지 드릴을 통해 늘 일정한 백스윙을 만들 수 있다.

① 오른팔을 뻗어 엄지가 하늘을 향하도록 한다.

② 자신의 스윙 플레인만큼 손바닥을 뒤로 기울인다.

③ 왼손을 임팩트 지점에 놓는다.

④ 왼팔을 백스윙 동작으로 가져간다.

⑤ 오른쪽 손바닥에 왼쪽 손바닥을 마주친다.

1) 스피드를 높이는 몸과 팔의 드릴

"자, 이제 스피드 내는 방법을 배워 보도록 하지요. 우리 몸은 큰 근육만이 빨리 움직일 수 있어요. 큰 근육은 크고 무겁지만 빨리 움직이죠. 볼을 멀리 쳐야 하는 상황이라면 몸을 뒤로 돌려야 합니다. 몸을 써야 멀리 간다는 뜻입니다. 몸이 가면 팔과 손은 자연스럽게 따라서 내려오게 되지요. 만약 저의 몸 움직임이 좋지 않았다면 타깃만을 보

잘못된 스윙 동작의 예

❶ 어깨의 회전이 덜 이루어진 잘못된 백스윙 모습.
❷ 백스윙 톱에서 역피봇 현상(몸이 왼쪽으로 기울어짐)이 나타난 모습.

면서 팔로만 세게 치려고 했을 것입니다. 골퍼들이 원하지 않는, 팔로만 하는 아주 난폭한 스윙이죠. 훌륭한 선수들은 자신의 손과 팔, 그리고 손목의 움직임을 잘 파악하고 컨트롤합니다. 이러한 움직임을 잘 파악하면 스피드가 나면서 볼을 멀리 보낼 수 있습니다. 하지만 몸의 움직임이 좋지 않으면 절대로 훌륭한 골퍼가 될 수 없어요. 자, 이제 정확히 손과 팔이 무엇을 하는지 알아보도록 하지요.

오른팔을 벌려 보세요. 오른손 엄지가 하늘을 향한 상태에서 살짝 뒤로 눕혀 주세요. 손바닥이 누운 만큼이 골퍼의 스윙 플레인입니다. 만약 손바닥이 바로 있으면 왼쪽으로 볼이 날아갑니다. 자, 왼팔을 몸 앞으로 뻗어 주세요. 왼팔과 어깨, 그리고 손이 같이 움직여 오른쪽 손바닥과 맞대게 해 줍니다. 그리고 왼손으로 오른쪽 손바닥을 쳐 주세요. 이렇게 함으로써 몸의 왼쪽이 오른쪽으로 가는 것을 느낄 수 있을 것입니다.

제가 이 드릴을 좋아하는 이유는 어깨의 움직임을 쉽게 느낄 수

❶ 왼손을 오른쪽 어깨에 올리고 오른손을 뻗어서 클럽페이스 형태를 취한다.　❷ 백스윙 시 오른팔의 팔꿈치가 오른쪽 엉덩이를 가리켜야 한다.　❸ 잘못된 오른팔 팔꿈치의 모습. 어깨의 회전이 덜 이루어진 상태에서 팔만 들어 올렸다.　❹ 백스윙 톱에서 팔의 각도는 'L'자를 유지하고 손바닥은 눈에 보이게 살짝 눕혀 준다.　❺ 다운스윙의 모습으로 만들어 본다.　❻ 정확한 임팩트 모습

있기 때문입니다. 몇 번 해 본 다음 반대로 바꿔 보세요. 왼손을 옆으로 뻗어 살짝 기울여 주고 오른팔을 몸 앞으로 뻗어 주세요. 그리고 오른쪽 손바닥으로 왼쪽 손바닥을 치세요. 자, 저의 몸 오른쪽, 오른쪽 어깨, 엉덩이, 그리고 무릎이 움직이는 게 보이죠? 이렇게 하면 팔과 몸의 움직임을 느낄 수 있고, 필요한 회전 또한 느낄 수 있죠. 팔과 몸이 같이 어울려 하는 드릴로서는 굉장히 좋습니다."

릭 스미스의 백스윙 톱 연속 동작

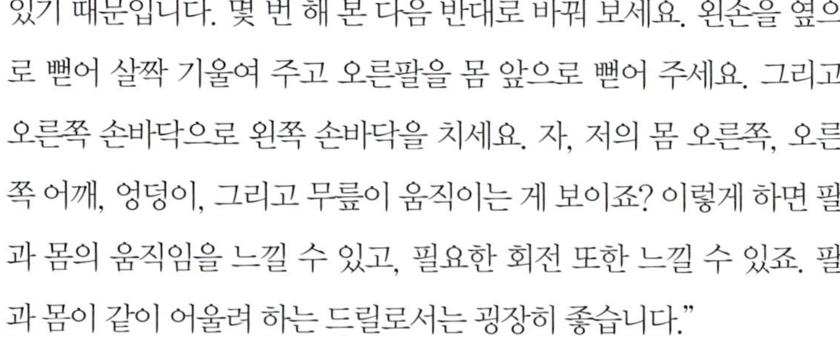

2) 올바른 스윙 톱 만들기

"자, 다음은 스윙 톱과 관련된 드릴을 해 보겠습니다. 저는 이것을 굉장히 좋아합니다. 자, 자세를 잡고 왼손을 오른쪽 어깨에 올려놓으세요. 그다음 오른팔을 몸 앞으로 뻗어 주세요. 저의 오른쪽 손바닥은 클럽페이스와 같은 역할을 할 것입니다. 여기 연장선으로부터 옆으로 거울이 있다고 가정해 보세요. 자, 손을 뒤로 하고 다시 거울을 보세요. 팔이 살짝 기울어져 있어야 합니다. 오른쪽 팔꿈치는 오른쪽 엉덩이를 가리키고 있어야 합니다. 그리고 이러한 자세에서 스윙 톱까지 진행해 보세요. 제 팔의 위치가 잘 있는 것을 볼 수 있을

것입니다. 오른쪽 몸 옆에 붙어 있어서도 안 되며 닭 날개처럼 밖으로 벌어져 있어서도 안 됩니다. 틀린 각도죠.

앞에서 볼 때 저의 오른팔이 L 모양으로 되어 있는 것을 볼 수 있습니다. 몸은 돌아가 있고요. 손바닥은 살짝 뒤로 접혀 있어야 합니다. 접시 들 듯이 손바닥이 있으면 안 됩니다. 그럴 경우에 클럽페이스는 닫힙니다. 제 손바닥의 일부분을 제 눈으로 볼 수 있어야 합니다. 손가락을 살짝 주먹 쥐듯이 함으로써 손바닥의 위치를 확인할 수 있습니다. 앞뒤로 스윙을 하면서 느낌을 가져 보세요. 오른팔과 몸 사이에 있는 공간을 보세요. 옆으로 내려오는 것을 알 수 있죠? 팔이 좋은 경사도로 내려오고 있습니다. 그리고 몸의 움직임도 느껴 보세요. 체중이 이동되고 있어요. 저의 오른쪽 무릎이 25㎝ 정도 볼 쪽으로 움직이고 있죠. 자, 이 모든 드릴을 하면 손과 팔과 몸이 하나로 어우러져 움직이는 것을 느낄 수 있을 것입니다. 스윙의 리듬도 있고 부드러움도 느낄 수 있어요. 임팩트 자세로 돌아갔다가 다시 반복해 해 보세요. 손에 클럽을 쥐고 있으면 스윙하기 더 쉬워질 것입니다. 왜냐하면 클럽헤드가 리듬을 잡는 데 도움을 주기 때문입니다."

03 거리는 유연한 손목에서 나온다

● 오른팔만으로 스윙 만들기

릭 스미스가 오른팔만을 이용해서 톱 동작을 만들어 보이고 있다.

다음에 열거하는 내용 가운데 두 가지 이상 해당된다면 몸이 좋은 백스윙을 할 만큼 유연하지 못한 것이다.

! 어드레스에서 톱까지 동작이 일정치 않다. 톱 동작으로 진행되는 동안 몸이 들린다.

! 톱에서 몸의 체중이 오른발 뒤꿈치에 충분히 실리지 않는다.

! 완성된 톱 동작에서 몸이 꼬여 있다는 느낌이 들지 않는다.

바쁘게 살아가는 현대인에게는 주 1회 연습도 쉽지 않다. 릭 스미스는 이러한 주말 골퍼들을 위해 누구나 집에서도 백스윙을 만드는 동작을 쉽게 익힐 수 있는 드릴을 소개한다. 특히 백스윙 시 오른팔의 역할을 잘 이해할 수 있도록 준비된 드릴이다.

"자, 이제 골프채를 이용해 스윙 동작을 만드는 드릴을 소개합니다. 대부분의 골퍼가 백스윙 때문에 고민합니다. 하지만 백스윙 동작에서 무엇이 어떻게 잘못되었는지 알지 못하는 사실이 더 심각하죠. 이번 시간에는 오른손으로 클럽을 사용해 톱 동작까지 만들어 보도록 하지요. 이러한 드릴을 하기 전에 먼저 골퍼들이 해야 할 것이 있습니다. 두 손으로 그립을 잡아 보세요. 작은 원을 그려 보고 큰 원도 만들어 보세요. 반대로도 움직여 보고요. 8자를 그려 보세요. 손목의 부드러움을 느낄 수 있어야 합니다. 빡빡한 느낌이 들지 않도록 해야 합니다."

스미스는 톱 동작을 만들기 위해 손목의 부드러움이 중요하다고 강조했다.

"손가락으로 잘 잡고 있되, 손목은 기름 발라 놓은 듯이 부드러워야 합니다. 손목에서도 스피드를 낼 수 있기 때문이죠. 손목에 힘이 많이 들어가 빡빡하면 스피드를 낼 수 없습니다. 태권도 같은 무술을 생각나게 하는군요. 힘을 빼면서 움직이다가 갑자기 공격을 하지요. 힘이 많이 들어가 몸이 뻣뻣하면 공격할 때도 스피드가 떨어지죠. 몸에 힘을 빼 줌으로써 스피드를 낼 수 있습니다. 손목의 느낌을 익힐 수 있도록 몇 번 더 해 보도록 하죠. 클럽헤드의 느낌을 가져

볼과 만나는 임팩트 직전까지 오른팔은 살짝 접혀 있다. 이것이 톱 동작에서 오른팔의 위치가 정상적인 위치에 놓여 있는 자세라고 강조했다.

03

❶ 왼손을 오른손 어깨 위에 올려놓고 오른팔로 백스윙의 과정을 만든다.

❷ 오른팔로만 만들어진 톱의 모습(정면).

❸ 오른팔로만 만들어진 톱의 모습(측면).

❹ 오른팔로만 스윙을 하면서 임팩트 이후의 릴리스를 느껴 본다.

❺ 릴리스 이후의 모습.

❻ 피니시 동작의 진행 과정.

❼ 피니시.

보는 것입니다."

스미스는 샷의 거리를 늘리기 위해 스피드를 늘려야 한다고 말했다. 즉, 스피드를 증가시키기 위해 유연성 있는 손목의 역할이 필요하다고 한다.

"자, 왼손을 오른쪽 어깨에 올려놓고, 어드레스를 해 보세요. 스윙 궤도를 따라 톱까지 스윙해 보겠습니다. 저의 클럽은 토 부분이 위를 향하도록 하겠어요. 샤프트의 위치는 수평 상태 전후까지 와 있어야 합니다. 만약 저에게 옷이 있었으면 샤프트나 클럽헤드에 옷을 걸어 놓을 수 있었을 것입니다. 즉, 너무 뒤로 처져서도 안 되고 너무 앞쪽을 향해서도 안 됩니다.

자, 다시 원점으로 돌아가 클럽헤드가 백스윙까지 올라가게 한 다음 무게를 느끼면서 움직임의 리듬을 찾아보세요. 헤드 무게로 내려오면 됩니다. 하지만 몸은 계속 움직여야 해요. 오른팔을 완전히 들어 올리지도 말고, 뒤쪽으로 너무 넘기지도 마세요. 오른손이 오른쪽 귀에 붙어 있으면 안 돼요.

팔이 골퍼들의 몸으로부터 떨어져 있어야 스윙의 아크(arc)가 생깁니다. 스윙을 크게 만들 수 있는 스윙 아크는 스윙 스피드를 자연스럽고 빠르게 만듭니다. 그리고 피니시까지 해 주세요. 다시 뒤로 갔다가 끝까지 스윙하고 피니시 자세를 잡고 페어웨이 쪽을 보세요. 절대 시선이 땅을 향해서는 안 돼요.

오른팔만으로 하는 연습은 골퍼들에게 톱 동작까지의 진행을 쉽게 이해시켜 줍니다. 백스윙 때문에 고민하는 골퍼들에게는 아주 좋은 드릴이에요. 같은 느낌을 좀 더 자세히 느끼기 위해 반대로 해 보도록 하지요. 즉, '피니시에서 시작' 이라는 드릴인데요, 여기서 시작해 반대로 톱스윙까지 돌아가는 것을 계속 반복하면서 몸의 균형을 잡아 주는 것이죠. 피니시가 시작되는 것입니다. 완전히 릴리스된 상태에서 시작해 톱까지 반대로 스윙하고 다시 톱으로 가고, 볼을 칠 때의 스윙처럼 느껴질 것입니다."

오른팔 백스윙의 완성

❶ 왼손을 어깨에 놓고 오른손으로만 백스윙을 가져가 클럽헤드의 무게만으로 스윙한다.
❷ 백스윙 톱에서 오른팔은 정확하게 'L' 자를 만든다.

피니시에서 시작하는 드릴

❶ 몸이 먼저 움직이는 것을 느끼고 리듬을 찾는다.
❷ 피니시에서 시선은 반드시 목표 지점을 향한다
❸ 피니시에서 스윙을 역으로 시작해 백스윙 톱에서 진행하는 드릴은 몸의 균형을 잡아 준다.

04 스윙은 작게, 손목은 부드럽게

 이상적인 칩샷의 세트업과 스윙

기본적인 어드레스의 세트업 자세. 볼의 위치는 오른쪽에, 몸의 중심은 왼쪽에 놓이도록 한다.

골프 스윙 동작을 만족스럽게 하기는 쉽지 않다. 그린을 공략할 때 방향성과 거리감을 잃는 원인도 스윙 동작에 있다. 완벽한 스윙 동작을 만든다는 것은 불가능할 수도 있다. 하지만 골프에서는 이렇게 불안정한 상태에서도 최고의 점수를 만들 수 있다. 늘 새로운 기회가 있다는 것이다. 온 그린에 실패해도 칩샷으로 버디 기회를 만들 수 있다. 아주 쉬워 보이는 칩샷의 동작만 제대로 해도 5타 정도를 줄일 수 있다.

일관성을 갖는다는 것은 마음속에 정확한 스윙 동작을 가지고 있다는 것이다. 쇼트게임 능력이 뛰어난 프로 골퍼들의 칩샷 동작은 간결해 보인다. 스윙 자세에 불필요한 동작이 없다.

릭 스미스는 칩샷을 잘하기 위해 꼼꼼히 자세를 챙겨야 한다고 생각했다. 기본 개념을 늘 머릿속에 제대로 가지고 있어야 칩샷의 달인이 될 수 있다고 강조했다.

"칩샷 어드레스 시 체중 분배를 어떻게 하느냐에 따라 정확도에 큰 차이가 있어요. 일부 골퍼는 체중을 오른쪽에 두고 볼을 왼쪽에 놓은 상태에서 퍼내려고 하는 동작을 보여요. 결과적으로 뒤땅을 치거나 토핑성의 실수를 하게 되지요. 볼의 위치와 체중 분포가 잘못되었기 때문입니다.

저는 볼이 그린 주변에 있을 때 여러 가지 클럽을 사용할 수 있다고 생각해요. 하이브리드 클럽을 써도 되고, 5번 아이언, 샌드웨지, 아니면 7번 아이언도 사용할 수 있지요. 예를 들어 그린에 공간이 많이 남아 있는 상황이라면 볼을 그린 위에 짧게 올려 많이 굴려 보냅니다. 잘못된 생각을 가진 골퍼들은 짧은 거리라고 해서 샌드웨지만을 선택합니다. 스윙 동작도 커 뒤땅이나 톱볼을 치게 되지요."

잘못된 체중에 의한 자세. 릭 스미스는 체중이 오른쪽에 놓여 있을 때는 자동적으로 토핑성 타구나 뒤땅이 발생된다고 말한다.

1) 그립을 짧게 잡는다

우선 세트업이 잘 되어 있어야 한다. 세계적인 선수들을 보면 대부분 그립을 짧게 잡는다. 그립을 길게 잡으면 손목이 쉽게 돌아가기 때문에 방향성이 떨어진다.

볼의 위치는 중심보다 오른쪽에 둔다.

칩샷의 기본 자세 중 하나는 바로 그립을 짧게 내려 잡는 것이다.

2) 볼은 중심보다 오른쪽에 놓는다

세트업을 할 때에는 볼을 스탠스의 중간보다 오른쪽에 놓는다. 그래야 볼을 잘 내려칠 수 있다. 체중이 왼발에 실려 있는 느낌을 받아야 한다. 스키어가 언덕을 내려갈 때처럼 왼발 쪽으로 체중을 밀어준다.

3) 오른발 뒤꿈치를 살짝 들어 체중과 손의 위치를 왼쪽으로 집중시킨다

손은 가운데보다 왼쪽에 있어야 한다. 그러면 의도적으로 내려치는 각도를 만들 필요가 없다. 체중과 손의 위치가 왼쪽에 있기 때문이다. 실제로 볼을 칠 때도 이렇게 똑같이 해야 한다. 치핑은 크고 길게 뻗어 주는 스윙이 아니라 작은 스윙이다.

4) 오른쪽 손목은 클럽헤드를 들어 올릴 정도의 각도만 만든다

세트업을 하고 난 뒤 동작의 움직임을 배워야 한다. 치핑을 잘하는 사람들은 백스윙을 할 때 코킹을 아주 적게 한다. 엄지와 검지가 손목의 각도가 생기게 도와준다. 오른쪽 손목이 뒤쪽으로 약간 코킹이 생기게 만든다. 손이 샤프트보다 앞에 놓인 느낌을 가져 보라. 샤프트가 몸에서 멀어진다. 몸에 닿으면 안 된다.

　좋은 드릴이 있다. 샤프트 쪽
으로 내려 잡고 손목을 살짝 코
킹하고 허리를 약간만 트는 느
낌을 가져 본다. 몸을 돌릴 때
몸은 샤프트 앞에 나와 있다. 이
러한 자세로 정확한 임팩트까지
만들 수 있다. 클럽페이스는 비
틀려서도, 막 돌아가서도 안 된
다. 그립의 각도를 너무 느슨하
게 잡지 않아야 한다.

5) 임팩트 후 피니시까지 손목의 각도를 유지하고 버틴다

체중이 왼발에 실리도록 한다.

　세트업 때 체중을 왼쪽에 싣고 오른쪽 손목이 살짝 코킹이 되어야
한다. 볼을 치고 나서는 손목 각도를 유지하고 버틴다. 또 다른 비법
은 가슴이다. 가슴과 벨트 버클이 뒤로 처지거나 고정되어서는 안 된
다. 고정시키면 손목의 힘으로만 볼을 치게 되므로 상체가 앞으로 돌
아야 한다. 즉, 치핑을 할 때 약간은 몸의 회전이 동반되어야 한다.
　스미스는 칩샷에 대해 설명하면서 간결하면서도 자연스러운 동
작의 연속성을 강조했다. 특히 세트업을 중시했다. 손을 살짝 앞쪽
으로 놓고 백스윙할 때 약간의 손목 코킹을 가져야 한다는 것이다.
큰 스윙이 아닌 작은 스윙으로 손목이 부드러우면 좋은 결과를 기대
할 수 있다고 말했다. 드릴도 함께 소개하면서 동작이 쉽게 몸에 배
도록 했다. 그리고 무수한 반복 동작을 통해 평생 칩샷에 대해 자신
감을 가져야 5타 줄이기가 완성된다고 말했다.

05 그립 가볍게 잡고 오른팔로만 칩샷 연습을

🏌 살짝 띄워 치는 칩샷

잔디가 자라기 시작하는 이른 봄철에 그린 주변에서 이루어지는 쇼트게임은 쉽지 않다. 특히 핀의 위치가 경사면에 걸쳐 있거나 벙커 뒤에 있을 때에는 더 어렵다. 볼을 살짝 띄워야 하는 상황이라 쉽게 실수로 이어지기 때문이다. 라운드 초반부터 뒤땅이나 토핑을 쳐

① 백스윙은 가볍게, 코킹을 일찍 시작해서 톱 동작이 되도록 한다.
② 톱에서 만들어진 코킹을 그대로 유지시켜 내려온다.
③ 임팩트 직전까지 코킹을 유지시킨다.

점수를 잃으면 출발부터 상쾌하지 못하다. 초보 골퍼에서 싱글 골퍼에 이르기까지 잔디가 충분히 자라지 않은 푸석푸석한 상태에서 쇼트게임을 잘하기는 매우 어렵다. 릭 스미스에게 풀이 짧게 깎여 있거나 맨땅인 곳에서 띄워 치는 칩샷에 대해 질문했다.

"살짝 띄워 치는 칩샷을 할 때 많은 골퍼는 백스윙을 왼손으로 진행해야 하는지, 아니면 오른손으로 진행해야 하는지 궁금해합니다."

스미스는 로프트샷의 진행은 오른손의 역할이 크다고 대답했다.

1) 오른손만으로 진행되는 느낌으로 백스윙한다

"로프트샷은 다른 샷보다 높이 띄워 보내야 합니다. 특히 그린 주변의 상태가 좋지 않을수록 손의 역할이 중요합니다. 오른팔이 백스윙을 주도한다고 할 수 있어요. 볼을 띄우기 위해 백스윙을 정상 스윙처럼 길게 가져가서는 안 됩니다. 길게 가져가면 볼이 멀리 날아가지요. 그렇다고 왼손을 일찍 꺾어 샷을 하면 부드러운 샷을 만들기 어려워요. 오른손을 백스윙 초반부터 가볍게 들어 올려야 합니다. 실전 감각을 얻기 위해 왼손을 오른쪽 가슴 위에 놓고 오른손만을 가지고 연습해 보세요. 그립을 아주 가볍게 잡고 오른팔로만 스윙하는 겁니다. 가볍게 띄워 치는 샷을 할 때 느낌을 얻게 되지요."

실제로 해 보니 헤드감을 가볍게 느끼면서 스윙감을 느낄 수 있었다. 특히 잔디 상태가 좋지 않은 상태에서 띄워 치기 위해 가벼우면서도 무게감을 얻을 수 있었다.

2) 약간의 손목 코킹으로 백스윙을 가져가고 피니시에서는 클럽페이스가 하늘을 향하도록 한다

"자, 백스윙을 시작하세요. 손목 코킹을 해 주세요. 팔이 지면과 평행을 이루고 있습니다. 샤프트는 코킹으로 인해 수직 상태로 세워지게 됩니다. 그리고 몸을 돌리면서 스윙을 시작하세요. 볼을 가볍게 칩니다. 임팩트 이후 클럽페이스가 하늘을 향한 상태에서 멈추면 됩니다."

스미스는 띄워 치는 칩샷을 할 때 임팩트 이후 클럽페이스가 하늘을 향하라고 강조하였다. 대부분의 골퍼는 볼을 인위적으로 띄우려고 하기 때문에 실수한다는 것이다. 볼을 클럽페이스의 로프트만을 가지고 띄울 수 있어야 가볍고도 부드러운 동작으로 연결해 갈 수 있다.

3) 볼을 밑에서 던져 올리는 듯한 느낌으로 부드럽게 스윙한다

스미스는 띄워 치는 칩샷은 마치 볼을 밑에서 위로 던져 올리는 느낌과 같다고 하였다. 스윙도 매우 부드럽게 쳐야 한다는 것이다.

오른팔로 띄워 치는 칩샷 스윙

다운스윙의 시작

임팩트 직전

임팩트 순간

부드러운 스윙이란 하체가 견고하고 상체가 가볍다는 느낌이 바탕
이라고 역설하였다.

"확 지나치듯이 치지 마세요. 부드럽게 치는 것이 포인트입니다.
아무 공이나 가지고 밑에서 위로 서서히 던져 보세요. 부드럽게 띄
워 치는 칩샷이란 바로 그러한 느낌이 아닐까요?"

스미스의 동작을 홍희선 프로가 시연해 보고 느낌을 전해 주었다.

"그린 주변이 좋지 못한 상태에서 가볍게 띄워 치기란 시합에 참
가하는 프로 입장에서도 쉽지 않아요. 긴장 상태에 있을수록 백스윙
조차 간단하지 않다는 뜻이지요. 하지만 스미스 선생님의 설명처럼
시도해 보니 부드러운 칩샷 스윙을 쉽게 할 수 있었어요."

임팩트 직후

임팩트 이후 클럽페이스를 들어올린다.

피니시

오른팔로만 볼을 던져 본다.

4) 손의 위치는 스탠스 중앙에 놓는다

　스미스는 띄워 치는 칩샷은 꼭 띄워 쳐야 할 때만 시도하라고 강조하였다. 만약 자신의 볼이 내리막이거나 디봇 안에 들어가 있으면 띄워 치는 로프트샷을 해서는 안 된다고 하였다.

　"볼은 로프트만으로 띄우세요. 클럽을 올렸다가 치세요. 몸과 팔이 같이 움직인다는 느낌으로 칠 수 있어야 해요. 오른팔만 가지고 하는 동작은 띄워 치는 칩샷을 이해하는 데 큰 도움을 얻을 수 있는 연습 방법입니다. 백스윙할 때도 몸이 뒤쪽으로 빠지면 안 됩니다. 체중이 우측에 남으면 안 돼요. 처음부터 피니시 동작까지 체중은 언제나 왼발에 실려 있어야 해요. 띄워 치는 칩샷은 매우 예민하고 정교함을 필요로 하기 때문에 몸의 움직임도 없어야 합니다. 물론 체중이 우측에 남게 되면 볼을 띄우기보다 토핑성의 볼이 만들어집니다. 스윙을 시작할 때 몸을 앞으로 돌려야 합니다. 손목만 갑자기 확 돌려서도 안 됩니다. 만약 손목을 돌리면 공이 낮게 뜨면서 많이 굴러가게 됩니다. 마지막으로 손의 위치는 좌로도 우로도 치우치지 말고 중앙에 놓으세요. 그래야 쉽고 가볍게 띄울 수 있습니다."

　스미스의 설명은 자세하게 이어졌다. 함께 동작을 해 본 홍희선 프로의 표정도 밝았다. 쉽고 편안하다고 하였다. 적어도 봄철 골퍼들이 이처럼 띄워 치는 샷을 쉽게 할 수 있기를 바랐다. 스미스는 마지막으로 설명하면서 마무리하였다.

　"백스윙을 느끼고 부드럽게 스윙해 손바닥이 하늘로 향하게 하세요. 다른 칩샷보다 스윙 크기가 크다는 것을 알 수 있습니다. 스윙은 굉장히 부드러워요. 하지만 손목이 낭창거려서는 안 됩니다. 또한 너무 크게 스윙해 다운 시 스윙 속도가 줄어들어서도 안 됩니다. 손목 각도도 더 만들어 주세요. 그리고 몸을 돌리면서 샷을 하면 됩니다."

06 퍼팅 그립은 손가락 아닌 손바닥으로 잡는다

 모든 골퍼를 위한 퍼팅 레슨

골퍼들이 정말로 자신의 타수를 줄이려면 퍼팅 연습에 많은 시간을 투자해야 한다. 자신의 전체 타수에서 퍼트 수는 40% 이상을 차지한다. 퍼팅에 집중하면 연습량에 비해 상대적으로 좋은 결과를 얻을 수 있다. 타수를 줄이기 위해 골퍼들이 머릿속에 늘 갖고 있어야 할 두 가지 사항이 있다. 하나는 3퍼트를 해서는 안 된다는 것, 또 하나는 짧은 거리의 퍼트는 반드시 성공시켜야 한다는 것이다. 퍼트를

릭 스미스는 먼저 목표를 정한 다음 퍼팅 동작에 들어가라고 강조했다.

릭 스미스가 직접 목표 방향을 설정하고 있다.

마술과도 같다고 한다. 타수를 줄이는 가장 중요한 요인이 퍼트에 있기 때문이다. 골프장 설계자의 의도를 이해하면 그린 위에서 퍼팅 성공률을 높일 수 있다. 대부분 골프장은 그린에서 물이 잘 빠져나갈 수 있도록 설계됐다. 물이 잘 빠져나가는 경사 지점에 볼의 방향이 휘어지기 시작하는 지점도 함께 있다. 그 지점을 잘 찾아내 파악하는 골퍼가 고수라고 할 수 있다. 그린의 경사도를 파악한 후 스트로크를 하면 목표를 알고 있다는 자신감이 퍼팅 스트로크에도 안정감을 가져다준다. 릭 스미스는 퍼팅의 기본 자세는 모든 골퍼에게 필요하다고 한다. 초보 골퍼부터 프로 골퍼까지 모두 해당된다는 것을 강조했다.

"어디로 볼을 보낼 것인지 목표 지점을 정한 뒤 퍼팅을 해야 합니다. 쇼트퍼트에서는 스트로크 자세가 중요합니다. 반면에 먼 거리의 퍼트에서는 거리감이 중요하지요. 느낌과 스트로크가 다 잘되어야 타수를 줄일 수 있지요."

　스미스는 그린 위에서 골퍼에게 무엇이 가장 중요하며 무엇을 먼저 해야 하는지를 간단하면서도 명쾌하게 해답을 제시했다.

1) 퍼터페이스는 목표 지점과 정확하게 스퀘어를 이루도록 정렬한다

　"페이스를 닫지도 말고 열지도 마세요. 좋은 퍼트를 하기 위해 클럽페이스의 위치가 아주 중요합니다. 첫째로 중요한 것은 클럽페이스의 정렬과 임팩트 시 클럽페이스가 어떻게 움직이냐는 것입니다. 사실 클럽페이스는 아무것도 안 합니다. 손목이나 몸을 마구 돌리면 안 됩니다. 클럽페이스는 앞뒤로 스퀘어 상태로만 움직이게 되지요."

클럽페이스가 직각을 이루도록 만든다.

2) 퍼터의 스윙 궤적이 자연스럽게 뒤로 올라가고 낮게 임팩트된 다음 자연스럽게 올라가도록 한다

"제 스트로크가 시계추처럼 움직이는 것을 보십시오. 뒤로 낮게 갔다가 자연스럽게 올라오죠. 그리고 볼을 치고도 자연스럽게 올라가죠. 항상 낮게 움직이는 것만은 아닙니다. 매우 자연스러우면서도 자동적인 움직임이지요."

3) 볼의 위치는 정중앙에서 약간 왼쪽에 놓는다

"자연스러운 퍼팅 자세는 예민한 방향감과 거리감을 잘 반영하게 해 줍니다. 뒤로 갔다가 앞으로 갔다가 자연스럽게 움직이죠. 좋은 세트업 자세에서 이러한 움직임을 만들 수 있다는 것이 중요하다고 할 수 있어요. 저는 개인적으로 이러한 좋은 세트업에 의해 만들어지는 스트로크의 성공은 볼의 위치에 큰 영향을 받는다고 강조하고 싶어요. 즉, 볼의 위치가 중심보다 약간 왼쪽에 놓여야 한다는 것입니다."

스미스는 볼을 치는 순간 퍼터헤드는 스윙에서 가장 낮은 지점에서 만나야 한다고 강조했다. 볼의 위치가 너무 왼쪽에 놓여 있으면 헤드가 높이 들린 상태에서 만나 토핑성의 볼이 생겨난다는 것이다. 반대의 경우, 즉 중심보다 오른쪽에 놓여 있으면 볼이 내리찍히는 스트로크가 되어 방향성이 좋지 않다고 설명했다.

4) 스트로크 시 허리는 반드시 고정한다

"자, 볼의 위치를 잘 설정하고 살짝 왼쪽에 놓으세요. 치핑을 할 때 몸은 제자리에서 회전이 됩니다. 하지만 퍼팅을 잘하려면 허리가 확실히 고정되어 있어야 합니다."

스미스는 볼이 홀의 왼쪽으로 빠져나가는 원인도 허리가 돌아갔기 때문이라고 했다. 허리를 고정시키면 어깨의 회전도 막을 수 있

Check Point

퍼팅에서 볼의 위치는 임팩트 시의 볼의 구질을 결정하게 된다. 중심보다 오른쪽에 놓인 볼을 퍼터로 임팩트를 만들면 볼은 처음보다 제대로 굴러가지 않고 순간 튀어오른다. 반대로 너무 왼쪽에 볼이 놓여 있다면 볼은 처음부터 굴러가는 특성을 강하게 나타내 정밀한 거리감을 잃게 된다.

어 헤드의 움직임을 정확하게 직선으로만 움직이게 할 수 있다고 했다. 스미스에게 아마추어 골퍼들이 퍼팅에 대해 가장 궁금해하는 질문을 해 보았다.

"퍼터에서 백스윙할 때 몸의 어느 부분이 리드를 해야 하나요?"

스미스는 동작으로 보여 주면서 답변했다.

5) 손과 팔, 그리고 어깨를 삼각형으로 고정시켜 함께 움직인다

"손과 팔, 그리고 어깨를 사용해야 합니다. 이 세 부분이 같이 움직이는 것을 느껴야 하지요. 퍼터헤드도 함께 움직여야 해요. 퍼터헤드는 손과 어깨의 움직임에 따라 움직여야 합니다. 손으로만 움직여서도, 어깨로만 움직여서도 안 됩니다. 왜냐하면 좋은 느낌을 가질 수 없기 때문이죠. 느낌을 가질 수 있어야 합니다."

마지막으로 그립이 볼의 방향에 얼마나 중요한지를 설명했다.

6) 손바닥을 맞대고 엄지가 그립 중앙에 오도록 잡는다

"제가 친 볼을 보셨나요? 정확하게 쳤다고 생각했는데, 너무 우측을 봤나 봅니다. 이런 실수를 하더라도 고의적으로 클럽을 돌리는 행동을 해서는 안 됩니다. 스윙을 할 때와 퍼팅을 할 때의 다른 점이 그립입니다. 평상시에는 손가락으로 그립을 잡는데 퍼팅할 때는 다르지요. 퍼팅할 때는 볼과 가까이 서 있기 때문에 샤프트가 더 수직으로 서 있게 됩니다. 드라이버 스윙과는 완전히 다르죠. 퍼팅 시 그립은 손바닥 쪽으로 잡아 주세요. 그래서 그립이 다르지요. 이 엄지손가락은 그립 중간에 놓여 있어야 합니다."

스미스는 퍼트에서의 그립은 방향성과 예민하고도 밀접한 관계가 있다고 했다. 퍼팅 시 짧은 거리에서 실수를 자주 하는 골퍼라면 가장 먼저 그립을 확인해 손가락을 이용해 잡는 그립이 아닌 손바닥을 이용한 그립을 해야 한다고 강조했다.

손과 팔, 그리고 어깨가 삼각형의 형태를 이루어 함께 움직이도록 한다.

필 미켈슨의 퍼팅 비법

세계적인 고수들이 연습하는 장면을 직접 보는 것은 흔한 일이 아니다. 그들이 가진 남다른 노하우를 이해하려는 태도는 골퍼가 가져야 할 매우 좋은 자세다. 그리고 그것을 실천하면서 영감을 얻게 된다면 우리도 퍼팅의 고수가 될 수 있을 것이다. 세계적인 퍼팅의 달인 필 미켈슨이 릭 스미스를 통해 실력을 더욱더 향상시켰다

릭 스미스의 퍼팅 스트로크 시범. 백스윙의 크기는 폴로 스루에 비해 절반밖에 안 된다.

는 것은 잘 알려진 사실이다. 그래서 스미스에게 미켈슨의 퍼팅 훈련에 대해 소개해 달라고 부탁했다.

스미스는 지난 몇 년 동안 미켈슨이 해 왔던 연습 방법을 소개했다. 미켈슨이 메이저 대회에서 우승할 수 있었던 것도 이러한 퍼팅 훈련 방법이 큰 비중을 차지했다고 한다. 골퍼들이 아무리 좋은 퍼팅 스트로크를 가지고 있다 하더라도 쇼트퍼트에서 롱퍼트까지 제대로 된

그립 끝에 꽂아 둔 티가 배꼽을 가리키게 한다.

훈련이 없다면 퍼팅 성공률은 떨어질 수밖에 없다. 스미스는 미켈슨의 노하우 가운데 첫째로 티를 이용하는 드릴을 소개했다.

1) 그립에 티를 꽂고 티가 항상 손과 팔과 어깨가 만드는 삼각형의 중간인 배꼽 부위를 가리키게 한다

"먼저 준비된 티를 그립 끝에 꽂아 주세요. 타이거 우즈나 필 미켈슨 등 퍼트를 잘하는 선수들은 공통점이 있습니다. 그립 끝에 꽂아 둔 티가 항상 배꼽 부위를 가리키고 있다는 것입니다. 그립부터 제대로 잡고 시작해 볼까요. 손가락 위주로 잡지 말고 손바닥으로 잡으세요. 티가 항상 두 팔에서 이루어지는 삼각형 중간에 있도록 자세를 만드세요. 퍼팅을 잘하는 사람들을 보면 티가 왼쪽으로도 오른쪽으로도 치우치지 않습니다. 항상 삼각형 안에 있지요. 롱퍼터나 벨리퍼터를 가지고 플레이하는 선수들이 그립 끝을 배꼽 부위에 고정시키는 원리와 같습니다."

스미스는 이것이 퍼팅할 때 중요한 포인트라고 강조했다. 백스윙 시 왼손으로 밀고 나가는 골퍼들에게도 큰 도움을 줄 수 있다고 했다. 또한 핸디가 높은 초보 골퍼들에게 특히 문제가 되는 손목이 꺾이는 현상도 쉽게 고칠 수 있다는 것이다. 한가로운 저녁 시간을 이용해 하루 30분 정도만이라도 거울 앞에서 이런 퍼팅 연습을 해 보면 좋은 결과를 얻을 수 있다.

2) 쇼트퍼트는 느리지 않게 때리듯 쳐라

스미스는 티를 꽂고 연습하는 드릴은 짧은 거리에서 집중적으로 해야 한다고 강조했다. 즉, 짧은 거리에서 퍼팅할 때 인위적으로 손목을 꺾으면서 때려 치기 쉬운데 이렇게 하면 규칙적인 리듬감을 잃어버릴 수 있다고 하였다. 그는 미켈슨을 예로 들었다.

"이제 쇼트퍼트 연습 방법을 소개해 드리지요. 물론 티를 그립 끝에 꽂고 합니다. 미켈슨은 메이저 대회 기간 중에도 열심히 이 연습

짧은 거리에서도 과감하게 때리듯이 퍼트한다.

을 했어요. 마스터스에서 티오프하기 전에도 짧은 거리에서 100번 이상 연습했지요. 즉, 짧은 거리에서도 과감하게 때리듯이 하는 연습입니다. 자신감을 만들기에 좋은 연습이면서 연속 100개의 볼을 성공시키기 위한 집중력의 향상이라고 볼 수 있어요.”

스미스는 골퍼들이 짧은 거리에서 과감한 스윙 동작보다 퍼팅 동작을 예쁘게 하려고 하다 보면 스윙이 길고 느려져 클럽페이스의 방향성도 떨어질 수 있다고 하였다.

3) 1.5m 쇼트퍼팅 드릴을 경사도 있는 곳에서 집중 연습한다

스미스는 미켈슨의 퍼팅이 평지의 짧은 거리에서뿐만 아니라 경사가 있는 짧은 거리에서도 성공률이 높은 점이 성공의 열쇠라고 말했다. 긴장감이나 심리적 압박이 심한 상태에서는 경사에서의 퍼팅이 쉽게 실수로 이어질 수 있다고 하였다.

“저는 약간 기울어진 곳에 홀을 정하고 원형으로 볼을 놓았어요.

경사에서 하는 쇼트퍼팅에 자신감을 갖도록 연습한다.

이곳에서는 제가 연습하고자 하는 브레이크가 다 있어요. 360도 방향이 제각기 다른 경사도로 나타나게 되는 것이지요. 오른쪽에서 왼쪽으로 휘는 라이, 내리막, 왼쪽에서 오른쪽으로 휘는 라이, 그리고 오르막 라이도 생깁니다. 적어도 싱글 골퍼가 되기 위해서는 이 같은 곳에서 연습하는 것이 매우 중요합니다.”

스미스가 가장 강조하는 부분은 위의 드릴에서 찾을 수 있다. 결국 미켈슨의 연습에서 골퍼들이 알아야 할 점은 일관된 스피드를 가져야 한다는 것이다. 연속으로 성공하다가 실패하면 처음부터 다시 시작하는 인내력이 필요하다. 스미스는 마지막으로 미켈슨이 꾸준히 하고 있는 퍼팅 드릴을 소개했다.

4) 쇼트퍼트 시 오른발을 내밀어 백스윙이 짧아지도록 유도한다

“미켈슨이 하는 또 하나의 드릴은 오른발을 앞으로 내미는 것입니다. 너무 길게 하는 동작이나 긴장이 풀린 상태에서 잘못된 스윙 자세를 이렇게 발이 막게 해서 쇼트퍼팅이 도움을 얻는 것이지요. 백

오른발을 내밀어 스윙하고 상체는 고정한다.

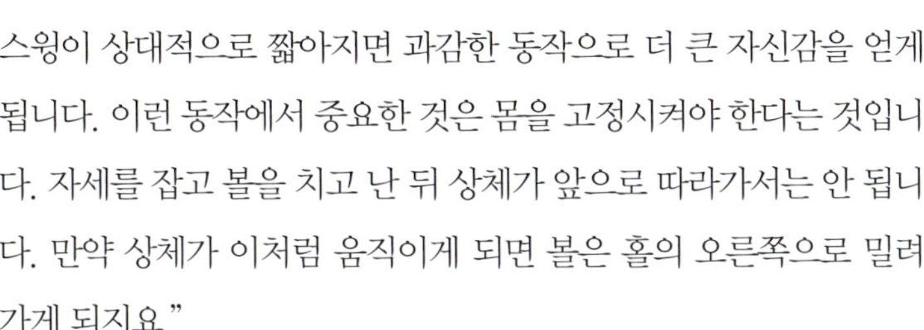

스윙이 상대적으로 짧아지면 과감한 동작으로 더 큰 자신감을 얻게 됩니다. 이런 동작에서 중요한 것은 몸을 고정시켜야 한다는 것입니다. 자세를 잡고 볼을 치고 난 뒤 상체가 앞으로 따라가서는 안 됩니다. 만약 상체가 이처럼 움직이게 되면 볼은 홀의 오른쪽으로 밀려가게 되지요."

　스미스는 미켈슨의 퍼팅 드릴을 소개하면서 골퍼들이 매일 일정한 시간을 정해 규칙적으로 연습하면 짧은 기간에 좋은 결과를 얻을 수 있다고 거듭 강조했다.

그린에 2개의 핀을 꽂고서 선으로 연결한 후에 퍼터의 움직임을 관찰해 보면 헤드의 움직임을 정교하게 파악할 수 있다.

08 장타는 몸의 꼬임에서 나온다

파워 드라이버

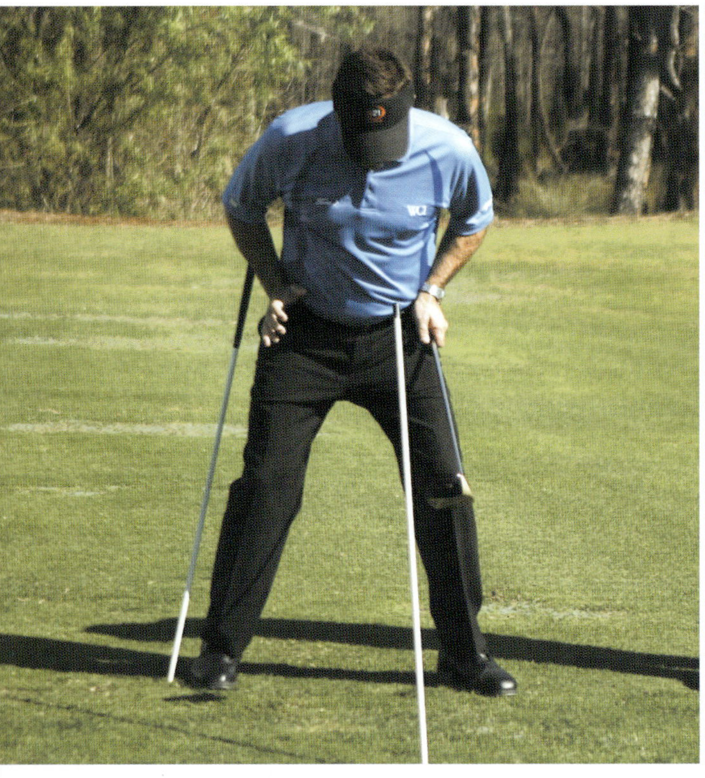

장타의 에너지는 코일에서 나온다. 그러나 무릎과 엉덩이는 고정해야 한다.

장타는 스윙을 크게 하고 빠르게 치면 된다. 비거리에 영향을 주는 스윙의 요소는 궤도의 크기, 코킹, 릴리스, 동작 연결 등이다. 리듬감을 잃지 않고 스윙을 크게 만들어야 한다. 릭 스미스는 스윙의 기본 자세와 연관성을 기반으로 장타의 비결을 설명했다.

1) 왼손 그립의 엄지와 검지의 V자 홈이 오른쪽 얼굴을 가리키게 잡는다

"그립부터 설명하죠. 손의 위치는 매우 중요합니다. 많은 골퍼는 왼손 쪽의 그립을 만들었을 때 엄지와 검지가 만들어 낸 V의 방향이 왼쪽 어깨를 가리키고 있어요. 하지만 이 V의 모양이 얼굴 오른쪽을 향해야 합니다."

스윙 원리에서 그립은 주로 방향성에 큰 영향을 주는데 스미스는 방향성을 제대로 만들어야 볼을 멀리 보낼 수 있다고 했다. 약간의 스트롱 그립 자세가 있어야 스윙에서 파워를 느낄 수 있다는 것이다.

2) 오른손 그립 역시 왼손과 같은 방향으로 오른쪽 얼굴을 향하게 잡는다

"양손의 방향을 함께 잡는 것이 중요해요. 왼쪽 어깨 쪽을 가리키는 것보다 클럽헤드 스피드를 많이 낼 수 있기 때문이죠. 그다음에는 오른손도 왼손처럼 엄지와 검지를 같은 방향으로 향하도록 잡아야 합니다. 즉, 얼굴의 오른쪽을 가리켜야 되지요. 이런 자세는 손목 코킹이 잘되게 도와줍니다. 빠른 스피드와 팔의 회전에 많은 도움을 주지요."

스미스는 많은 골퍼가 잘못된 그립 때문에 스윙 전체의 리듬감마저 잃어버린다고 말했다. 잘못된 그립은 스윙 자체를 서서히 변형시킨다는 것이다.

3) 척추는 약간 오른쪽으로 기울이고 하체는 고정시킨다

"그립을 제대로 잡은 후 세트업 자세를 만들어 보지요. 장타를 치기 위해서는 척추가 왼쪽으로 기울어져 있으면 안 됩니다. 스윙 동작을 뒤쪽에서 찍어 보면 많은 골퍼가 왼쪽으로 기울어져 있어요. 드라이브샷이 가끔 찍혀 맞거나 오버스윙 동작으로 고민하는 골퍼들은 꼭 확인해 볼 필요가 있어요."

스미스는 세트업 자세에서 척추 각도가 중요하다고 강조했다. 곧

왼손 그립의 엄지와 검지의 V자 홈이 오른쪽 얼굴을 가리키게 잡는다.

백스윙 시 오른쪽 엉덩이와 무릎을 단단히 고정시킨다.

게 펴 앞쪽으로 숙이는 자세도 필수이지만 숙인 상태에서 오른쪽으로 평균 10도 정도 기울어져야 파워 드라이브샷을 만들 수 있다고 한다. 즉, 기울어진 척추는 볼보다 오른쪽에 위치하고 하체는 견고하게 고정해야 올바른 세트업이라는 것이다.

4) 스탠스는 정상적인 어깨 넓이보다 약간 더 넓게 선다

"저의 스탠스는 약간 넓어요. 스탠스가 살짝 넓어짐으로써 뒤에서 볼을 칠 수 있어요. 하지만 스탠스를 넓히는 것에는 전제조건이 필요하죠. 체중 이동이 선행되어야 합니다. 다운스윙의 첫 느낌을 어깨로 시작하는 골퍼들은 넓은 스탠스의 폭 때문에 더 많이 슬라이스를 만들게 되지요."

스미스는 골퍼들이 체중 이동을 이해한 다음에 서서히 스탠스의 폭을 넓히는 것이 올바른 순서라고 추가 설명을 했다. 스미스의 설

❶ 릭 스미스가 기본 어드레스 자세를 보여 주고 있다.
❷ 톱 동작을 설명하고 있다.

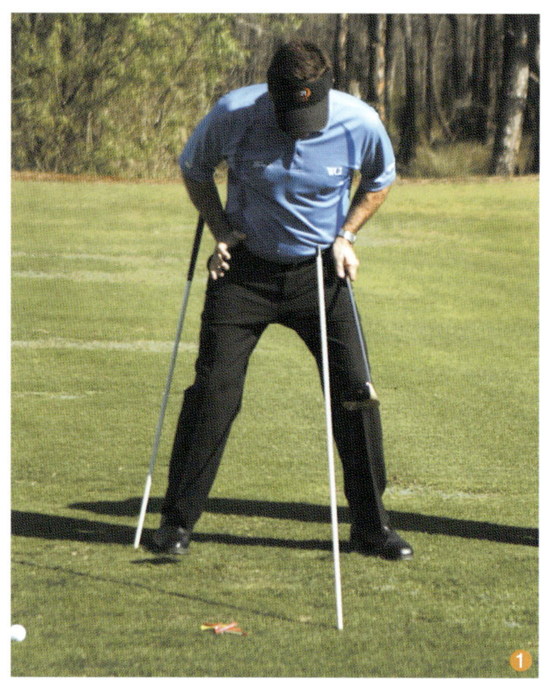

❶ 백스윙 시에 엉덩이가 너무 돌아간 잘못된 모습. ❷ 백스윙 시에 엉덩이가 밀린 잘못된 모습.

명은 순서를 강조하고 연결성에 주목한다. 한 부분만 강조하는 원포 인트식이 아니라 하나로 전체를 연결해 이해하는 방식으로 스윙을 익히라고 강조했다.

5) 백스윙 시 오른쪽 엉덩이와 무릎을 단단히 고정시킨다

"무릎이 밀려서는 안 됩니다. 엉덩이가 뒤쪽으로 빠져서도 안 됩니다. 많은 골퍼가 거리를 내기 위해 클럽을 너무 뒤로 빼면서 회전을 만듭니다. 너무 안쪽으로 빙 돌리려고 하지요. 아주 좋지 않아요. 클럽의 테이크백 때 똑바로 길게 진행시켜야 합니다. 살짝 안쪽으로 가져가는 느낌만 있으면 됩니다."

스윙의 파워는 백스윙 시 만들어진다. 오른쪽 엉덩이와 무릎을 단단히 고정시키면 강한 코일링을 갖게 된다. 백스윙 시 양어깨를 충분히 돌리고도 거리를 만들지 못한다면 반드시 살펴보아야 할 자세다.

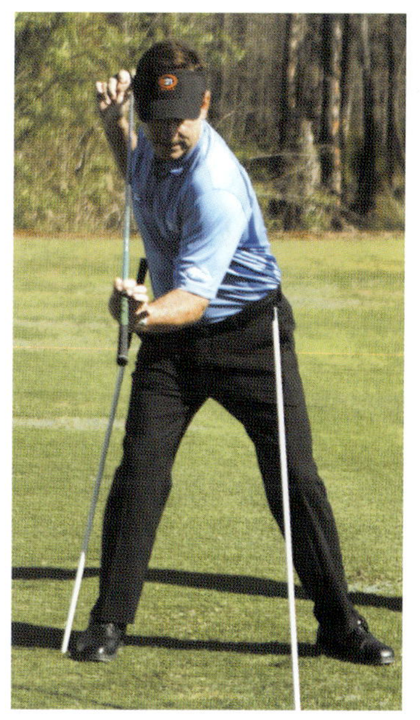

올바른 백스윙의 모습.

6) 충분한 손목 코킹을 통해 강한 백스윙 만들어라

"파워를 더 만들기 위해 코킹이 필요합니다. 손목 위쪽으로 코킹을 만들고 몸을 회전시킵니다. 그냥 몸만 돌리면 안 됩니다. 매번 확인해야 합니다. 강한 임팩트가 없다고 느끼면 스윙 동작에서 코킹이 없는 것이지요. 코킹이란 쭉 편 왼팔과 클럽의 샤프트가 90도로 만나는 모습입니다. 너무 일찍 코킹이 만들어지면 롱아이언을 잘 칠 수가 없어요. 반대로 너무 늦게 코킹이 완성되면 볼을 멀리 보낼 수 없어요. 다운스윙 시작부터 코킹이 풀리기 때문입니다."

스미스는 파워에서 코킹이 얼마나 중요한지를 설명했다. 어드레스부터 톱까지의 동작에서 골퍼들이 꼭 지켜야 할 스윙의 원리를 모두 연결시켰다. 올바른 세트업부터 코킹의 완성까지 제대로 연결시키면 비거리를 20야드 더 늘릴 수 있다는 것이다.

❶ 충분히 회전된 백스윙 자세.
❷ 톱 동작에서 상체와 하체의 균형 속에 오른팔은 정상적인 위치에 놓여 있다.

파워 임팩트 만들기

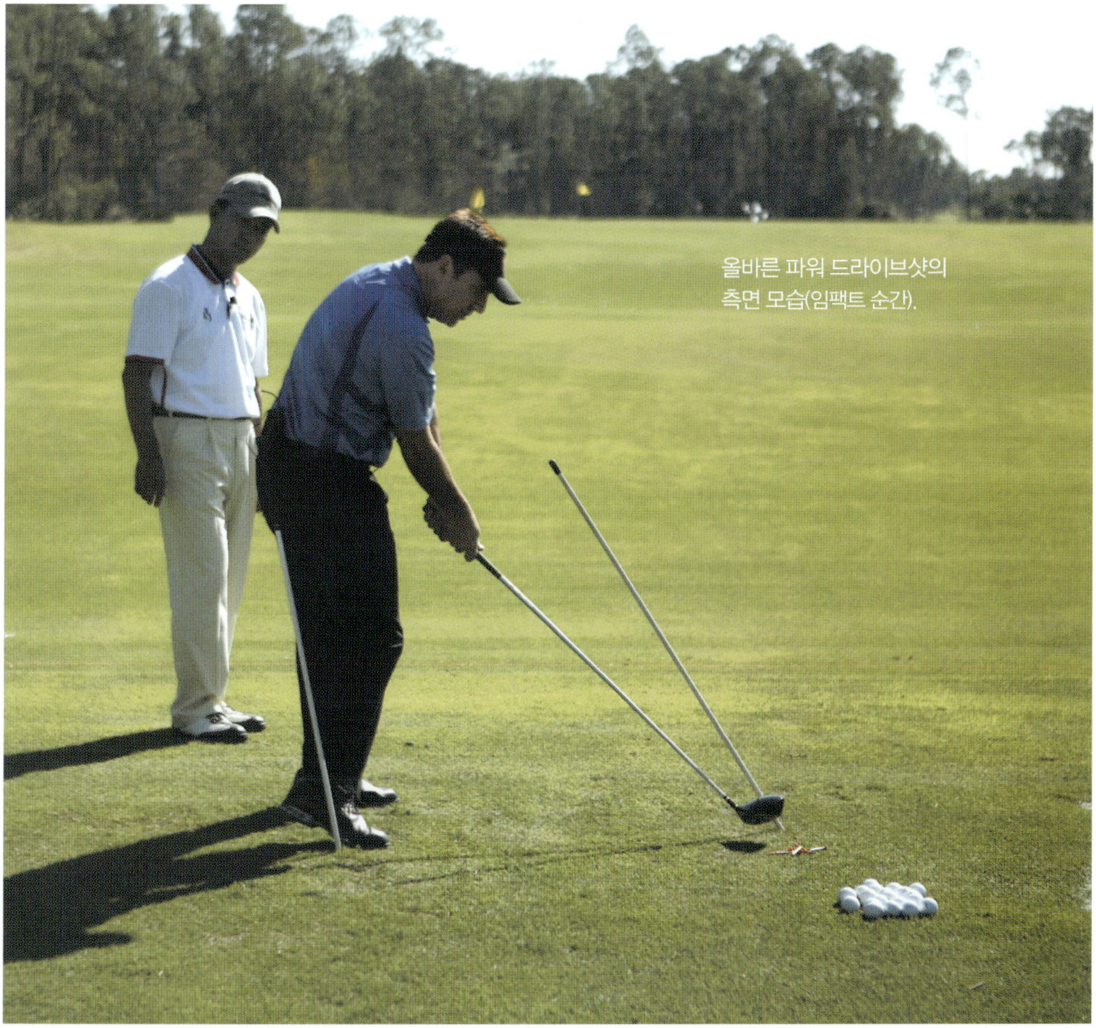

골퍼들을 대상으로 강의하다 보면 다양한 질문을 받게 된다. 대체적으로 특정 부분에 대해 궁금해하는 것을 알 수 있다. 질문에 대답하기 전에 되묻기도 한다.

"근본적인 문제가 뭐라고 생각하세요?"

갑작스러운 역질문에 질문자는 스윙에 대해 다시 생각해 본다. 근본적인 문제부터 고민해 보면 많은 질문에 스스로 해답을 얻을 수 있다.

이번 레슨은 파워 드라이브샷을 위한 내용이다. 많은 골퍼가 알고 싶어 하는 부분이다. 그중에서도 톱에서 진행되는 과정을 주로 다루겠다. 공통적인 궁금증을 모아 릭 스미스와 함께 풀어 보았다.

"다운스윙을 시작할 때 중요한 점은 톱에서 다운스윙으로 연결되

❶ 올바른 톱 동작의 모습.
❷ 톱 동작에서 임팩트로 이어지는 중간 단계. 코킹을 유지한 채 끌고 내려오고 있다.
❸ 임팩트로 이어지는 중간 과정을 거쳐서 만들어진 임팩트 모습.

는 부분입니다. 저는 이 동작을 스윙의 변환점이라고 생각해요. 많은 골퍼가 톱에서 내려올 때 자주 하는 동작 중 하나는 코킹을 일찍 풀어 버린다는 것이지요. 볼을 빨리 치기 위해 서두르는 것입니다. 결국 볼을 엎어 치게 되죠. 다운스윙할 때 몸이 왼쪽으로 쏠리면 안 됩니다. 팔은 다리에 의해 움직여지도록 도와야 합니다."

올바른 톱 동작 모습

❶ 등이 보이도록 충분히 상체가 회전되었다.
❷ 톱에서 코킹을 유지한 채로 끌고 내려온다.

1) 몸의 회전이 이루어지기 전에 손목의 코킹이 일찍 풀리지 않도록 한다

"볼을 치기 직전에 스윙에 힘을 가해야 합니다. 일찍 풀리게 되면 힘이 실리지 않아요. 스윙을 하면서 리듬감을 느껴야 합니다. 덩달아 몸의 회전도 함께 느낄 수 있게 됩니다. 톱에서 코킹이 일찍 풀려서도 안 되지만 릴리스를 하지 않고 손목을 그대로 가지고 나가서도

**홍희선 프로의
파워 드라이브샷 연속 동작**

안 됩니다."

혹시나 해서 질문을 던졌다.

"손목을 가지고 나가서는 안 된다는 표현을 하셨는데 구체적으로 설명해 주시지요."

스미스는 "손목을 가지고 나간다"는 표현이 "다운스윙할 때 꺾였던 손목 각도를 임팩트 이후에도 그대로 가지고 간다"는 뜻이라고 했다. 또한 손목으로만 퍼 올리듯이 하는 동작도 좋지 않다고 말했다. 헤드 스피드를 빠르게 만들 수 없다는 뜻으로 보충 설명을 하였다.

"중요한 점은, 너무 안쪽으로나 혹은 바깥쪽으로 다운스윙이 진행될 경우에도 스피드를 만들 수 없다는 것이지요."

많은 골퍼가 다운스윙 시 너무 안쪽으로 당겨 가거나 바깥쪽으로 밀어 친다. 스미스는 이 부분을 수정하기 위한 연습 방법을 소개했다.

"자, 볼을 티 위에 놓고 세트업을 해 보세요. 그리고 클럽 샤프트
의 각도를 머릿속에 그려 보세요. 헤드가 없는 샤프트를 가지고 어
드레스했을 때의 샤프트 각도와 똑같이 맞추어 보세요."

스미스는 궤도 안에서 스윙이 진행되는 과정을 설명했다. 궤도 안
에서의 스윙의 중요성을 강조한 것이다. 백스윙할 때 팔로만 들어
올리는 스윙이 다운스윙할 때 당겨지거나 밀어 치는 원인이라고 설
명했다.

2) 다운스윙할 때 클럽헤드가 뒤편에 꽂아 두었던 샤프트 바로 위에 떨어지도록 스윙 플레인을 만든다

"다운스윙할 때 클럽이 너무 바깥으로 내려오면 각도가 가파르게
만들어집니다. 혹시 다운스윙 시 끌고 내려오는 느낌이 무겁다고 생
각되면 너무 안쪽에 치우쳐서 내려오고 있다고 보아야 합니다. 왜냐
하면 손목 회전도 안 된 채 밀고 나가거나 손목만 움직여 볼을 띄우

려고 하기 때문이지요. 골퍼가 원하는 다운스윙 각도를 찾아 파워를 만들어 내는 것이 중요합니다."

이와 같이 연습하다 보면 정확한 스윙 플레인을 만들 수 있다고 하였다. 즉, 그립의 한가운데를 친다는 느낌을 가지고 다운스윙을 해야 한다는 것이다.

3) 임팩트 시 샤프트와 왼손·팔·어깨가 일직선으로 정렬되도록 한다

"자, 왔다 갔다 움직이면서 클럽이 플레인을 따라 움직이는지 확인해야 합니다. 볼을 칠 때는 클럽이 훨씬 빨리 움직이기 때문에 연습해 보면 생각보다 플레인에서 많이 벗어나지 않을 것입니다. 벗어나서 내려오게 되면 파워가 없는 스윙이 되지요. 옆에서 더 정확히 볼 수 있어요. 백스윙을 할 때 클럽을 바로 들어 올려서도 안 되고 너무 안쪽으로 들어가도 안 됩니다."

❶ 릭 스미스가 주장하는 파워 드라이브 샷의 임팩트 모습.
❷ 잘못된 백스윙의 1단계 과정. 헤드가 바깥쪽으로 벗어났다.
❸ 올바른 백스윙의 1단계 과정. 클럽헤드는 양발 끝 선상에 놓여야 한다.

스미스는 궤도 안에서 올라갔다 내려가야 한다고 하였다. 이것이 그가 주장하는 파워를 만드는 비법이다. 결국 내려가면서 몸은 회전되고 손과 팔에 가속도가 붙으며 몸에서 약간 왼쪽 지점에서 임팩트가 이루어져야 한다. 그는 또 임팩트 순간을 강조했다. 샤프트와 왼손·팔·어깨를 정렬해야 한다는 것이다. 체중은 왼쪽으로 움직이기 시작하고 볼을 치면서 뻗어 내야 한다. 몸은 돌아가면서 피니시 자세를 만든다.

정리해 보면 스미스가 강조하는 다운스윙의 연결 고리는 코킹과 스윙 플레인, 그리고 체중 이동이다. 이 세 가지 사항을 자신의 것으로 만들기 위해 처음 세트업 자세에서부터 백스윙 과정에 이르기까지 동작들을 세심하게 관찰한다면 정확한 파워 임팩트를 얻게 될 것이다.

❶ 엎어서 들어오는 잘못된 다운스윙의 모습.
❷ 너무 처져서 들어오는 잘못된 다운스윙의 모습.

10 피니시 때 왼발에 체중 싣되 하체 고정해야

파워 드라이브를 위한 드릴

"어떻게 하면 혼자서도 장타 치는 훈련을 할 수 있을까요?"

많은 골퍼에게서 받는 질문이다. 골프를 하면서 잘못된 동작이나 습관을 바꾸기는 어렵다. 하지만 좋은 훈련법은 이러한 문제점을 해결해 준다. 릭 스미스는 오랫동안 효율적인 훈련 방법을 연구해 왔

릭 스미스는 강력한 드라이브샷을 치기 위해서는 하체가 무너지지 말아야 한다고 강조했다. 왼쪽이 이상적인 스윙이다.

다. 많은 보조 기구를 이용해 가르치는 것이 스미스의 특징이다. 이번 시간에는 파워 드라이브샷을 위한 드릴을 몇 가지 소개한다.

1) 스텝 드릴

"먼저 소개할 드릴은 '스텝 드릴' 입니다. 이 드릴은 톱에서 다운으로 내려올 때 파워를 더 내기 위한 동작을 훈련하는 것입니다. 보는 것처럼 저는 평상시보다 조금 좁게 스탠스를 잡았습니다."

① 스탠스를 좁게 하고, 백스윙하면서 오른발을 넓혀 주고 폴로를 하면서 왼발을 내딛는다.

"뒤로 스윙하면서 오른발을 들어 좀 더 우측으로 옮기세요. 왼발을 앞으로 디디면서 앞으로 스윙하세요. 처음에는 스탠스가 좁다고 느꼈을 것입니다. 좁은 스탠스요. 백스윙하면서 오른발을 뒤로 디뎠을 때 힘이 모인다는 느낌을 받을 것입니다. 그리고 앞으로 살짝 디디면서 나아가 주세요. 그리고 느껴 보세요."

② 우측의 체중을 자연스럽게 왼쪽으로 이동시키는 느낌을 익힌다.

스미스는 체중이 우측에서 좌측으로 움직이는 느낌을 가져야 한

왼발 축 드립

❶ 정상적인 어드레스에서 오른발을 충분히 뒤로 빼 준다.
❷ 다운스윙 시 정확한 슬롯 포지션을 확인하면서 폴로를 한다.
❸ 왼발 축을 중심으로 무릎을 굽히지 않고 몸의 회전이 이루어지는 느낌을 갖는다.

탭 드릴

❶ 몸을 충분히 조인 백스윙 톱을 만든다.
❷ 백스윙 톱에서 왼발을 몇 번 밟아 주고 임팩트까지 가져간다 .
❸ 다시 백스윙하고 왼발을 몇 번 밟아 준다.
❹ 체중이 완벽하게 오른쪽으로 이동됐다고 느낄 때 폴로를 한다.

다고 했다. 타이거 우즈나 필 미켈슨 같은 장타 선수들을 보면 우측에 있는 체중을 온 힘을 다해 왼쪽으로 실어 주는 것이 좋은 예라고 했다. 파워를 동반하기 위해 손과 팔의 스피드를 내려면 몸의 회전을 잘 이용해야 한다고 했다. 스피드를 내는 데 몸도 큰 역할을 하지만 스피드의 전달을 위해 손목이 코킹되고 풀리는 타이밍을 잘 맞춰야 한다는 것이다. 스텝 드릴은 헤드 스피드가 떨어지는 골퍼들에게 중요한 연습 방법이다.

2) 왼발 축 드릴

골퍼들이 스윙할 때 왼발 축이 무너지는 경우를 본다. 이런 골퍼들은 샷의 파워를 잃는다. 스미스는 골퍼들이 볼을 좀 더 멀리 보내기 위해 반드시 '왼발 축 드릴'을 훈련해야 한다고 당부했다.

"골프 볼 앞에 정상적으로 세트업한 뒤 오른발을 뒤로 빼세요. 스윙하면서 클럽이 궤도를 벗어나지 않도록 하세요. 클럽이 안쪽으로

왼발 축 드릴을 이용한 드라이버샷 모습

가는 것은 아주 나쁩니다. 이 드
릴은 제대로 된 클럽헤드의 위
치를 알아볼 수 있을 것입니다.
팔과 몸의 우측 측면 사이에는
많은 공간이 남아 있습니다. 이
렇게 공간이 있다고 해서 체중
이 뒤로 남거나 엉덩이가 고정
되지 않습니다. 코킹이 풀리기
시작하는 지점쯤에서 다리는
확실히 고정되어 있어야 합니
다. 주저앉지 말고 단단히 고정

백스윙을 하면서 클럽이 궤도를 벗어나
지 않도록 한다.

시켜야 합니다. 볼을 치고 피니시 동작을 하는 겁니다. 아름다운 몸
의 회전이죠. 왼쪽 발에 몸의 체중이 실리는 것을 느껴야 합니다. 몇
개의 볼을 치다가 이 드릴을 연습하는 식으로 하세요."

① 임팩트 직전의 모습.
② 왼발 축 드릴 과정에서 만들어진 임팩트 모습.
③ 왼발 축이 무너져 몸 전체가 내려간 잘못된 동작.

스미스는 이 훈련 방법을 통해 왼쪽 다리를 중심으로 몸이 회전되는 것을 느낄 수 있다고 했다. 무릎을 구부리는 사람들에게는 아주 좋은 드릴이라고 했다. 몇 번의 빈 스윙을 하면서 클럽의 위치를 느낄 수 있어야 한다고 했다.

3) 탭 드릴

이번에 소개할 드릴은 볼을 멀리 보내고 싶어 하는 골퍼들에게 좋은 훈련 방법이다.

"자, 볼 앞에 세트업을 하고 연습 스윙을 하세요. 백스윙하고 오른발에 체중을 실으세요. 잠깐 멈추고 왼쪽 발을 들었다 놨다 하면서 상체가 뒤쪽으로 돌았는지 확인하세요. 자, 여기서부터 스피드를 낼 수 있습니다. 만약 야구공을 멀리 던진다고 가정하면 체중을 오른쪽

에서 왼쪽으로 실어야 하겠지요. 체중을 왼쪽에 남겨 두고 팔로만 들어서는 안 됩니다. 힘을 모을 수 없기 때문이죠. 클럽도 뒤로 너무 누워서는 안 됩니다. 이것을 '탭 드릴'이라고 합니다. 백스윙을 하고 이렇게 왼발을 밟아 주세요. 그리고 다시 백스윙하세요. 다시 왼발을 밟아 주세요. 백스윙 시 오른쪽에 다 실렸습니다. 올바른 감을 익히기에 아주 좋은 드릴입니다."

❶ 탭 드릴 자세. 왼쪽 발을 들었다 놨다 하면서 상체가 뒤쪽으로 돌아갔는지 확인한다.
❷ 릭 스미스의 탭 드릴 자세를 이용해서 만들어진 피니시 과정.
❸ 릭 스미스의 탭 드릴 자세를 이용한 톱 동작.

탭 드릴을 이용한 드라이버샷 모습

11 볼 높으면 짧게, 낮으면 길게 그립 잡아라

볼이 발보다 높거나 낮은 경우의 샷 메이킹

볼이 발보다 높은 곳에 있을 때에는 그립의 차이만큼 짧게 내려 잡는다.

실전 라운드는 골퍼들의 도전 의식을 강하게 불러일으킨다. 골프장은 연습장과 전혀 다른 곳이다. 편하게 볼을 칠 수 있는 곳은 티잉 그라운드나 페어웨이 일부를 제외하고는 찾기 힘들다. 볼을 잘 치는

것 같다가도 뒤땅이나 토핑을 자주 한다. 대부분의 주말 골퍼가 가지고 있는 문제점이다. 그러므로 다양한 상황에서 기계적으로 샷을 할 수 있어야 점수를 줄일 수 있다.

이번에는 골퍼들이 주로 경험하는 두 가지 상황에 대해 알아보자. 볼의 위치가 발보다 높거나 낮은 상황이다. 주말 골퍼들이 필드에서 가장 많이 겪는 어려움이기도 하다. 레슨을 시작하기 전에 눈을 감고 5분 정도 상상의 샷을 해 보는 것이 좋다. 의외로 좋은 결과를 얻을 수 있다.

❶ 다운스윙 모습. 볼과 몸 사이에 거리가 있으므로 상체를 숙여서 자세를 잡는다.
❷ 임팩트 직후 모습. 오른팔과 왼팔이 감기는 모습.
❸ 폴로 동작 시 둥글게 돌아가는 느낌을 갖는다.
❹ 피니시 자세. 정상적인 실제 피니시 동작보다는 축소된 모습.

1) 볼이 발보다 높은 곳에 있을 때의 샷

릭 스미스에게 산악 지형의 골프장이 많은 우리나라 상황을 설명

하고 가장 많이 접하게 되는 문제점을 먼저 질문했다.

"제가 이 볼을 언덕으로 던져 보겠습니다. 이처럼 오른쪽에서 왼쪽으로 흘러내리는 경사라면 볼은 언제나 언덕을 맞고 밑으로 내려오지요. 그리고 이런 상황에 놓인 볼은 왼쪽으로 날아가려는 성질이 있습니다. 그러므로 목표 방향을 오른쪽으로 잡아야겠지요. 그리고 그립을 경사도 높이 차이만큼 짧게 내려 잡아야 하고요."

스미스의 설명은 간결했다. 그래서 좀 더 구체적인 설명을 부탁했다.

"볼이 오른쪽으로 갔다가 안으로 돌아 들어오는 느낌으로 쳐야 합니다. 자신감을 가지고 어떠한 스윙을 만들까 생각해 보세요. 볼에서 조금 멀리 서 있다는 느낌을 가져 보세요. 어색하다는 생각을 하게 되지요. 자연스러운 것입니다. 평상시의 스윙처럼 클럽을 들어 올렸다가 치려고 하면 안 됩니다. 경사를 이기려고 해서는 안 됩니다."

스미스는 매우 플랫한 느낌을 가지고 둥글게 연습 스윙을 해 보라고 권했다. 그리고 이러한 느낌을 좀 더 구체적으로 설명했다.

"많은 골퍼가 플랫한 스윙을 가지고 있어요. 완전히 뒤로 가져갔다가 볼을 내려찍는 스윙을 가진 골퍼라면 볼을 발보다 높은 곳에 놓고 연습해 보세요. 훌륭한 방법이 될 수 있어요. 이러한 연습법은 골퍼의 스윙 궤도를 낮추어 주지요. 또한 몸이 밑으로 떨어지는 잘못도 고칠 수 있어요. 백스윙 시 팔을 너무 높게 올려 샷을 치는 골퍼나 두꺼운 디봇을 만드는 골퍼에게 권하고 싶은 연습법이기도 합니다."

코스에서 백스윙 시 팔만 높이 들었다 샷을 하는 골퍼에게 좋은 연습법이라고 설명하였다. 볼을 티 위에 꽂아 놓고 연습 스윙을 해 보면 잘못된 스윙을 하는 골퍼들의 생각을 근본적으로 바꾸어 줄 수 있다고 말했다.

볼이 발보다 높은 위치에서의 샷

❶ 목표 지점보다 좀 더 오른쪽으로 몸을 정렬한다.
❷ 볼을 최대한 멀리 놓고 그립은 짧게 내려 잡는다.
❸ 스윙을 내리찍듯이 하지 말고 둥글게 돌아가는 느낌으로 한다.

볼이 발보다 아래쪽에 놓여 있을 때의 샷

❶ 목표보다 좀 더 왼쪽 방향으로 몸을 정렬한다.
❷ 볼을 정상적인 위치보다 가까이 놓고 그립을 길게 잡는다.
❸ 스윙을 둥글게 하지 말고 깎아 치듯이 한다.

2) 볼이 발보다 낮은 곳에 있을 때의 샷

"필드에서 볼을 치려고 하는데 발의 위치가 높은 곳에 있다고 느껴질 때, 그리고 볼에서부터 멀리 떨어져 있다고 느낄 때가 있습니다. 이러한 위치에서도 자세부터 살펴야 합니다. 샷을 쳐 보면 볼이 우측 아래쪽으로 가려는 성질이 있지요. 무엇부터 해야 할까요? 그립이 가장 중요합니다. 끝을 잡고 스윙하면 되요. 이번엔 목표보다 왼쪽으로 목표 방향을 설정해야 하겠지요."

스미스는 이러한 상황에서도 몸의 정렬과 그립을 강조하였다. 먼저 설명했던 상황과는 정반대의 모습이었다.

"이번엔 볼에서 가깝게 서 있기 때문에 스윙은 상대적으로 좀 더 위로 들어 올린다는 느낌이 필요해요. 내려 치는 느낌을 가지게 된다

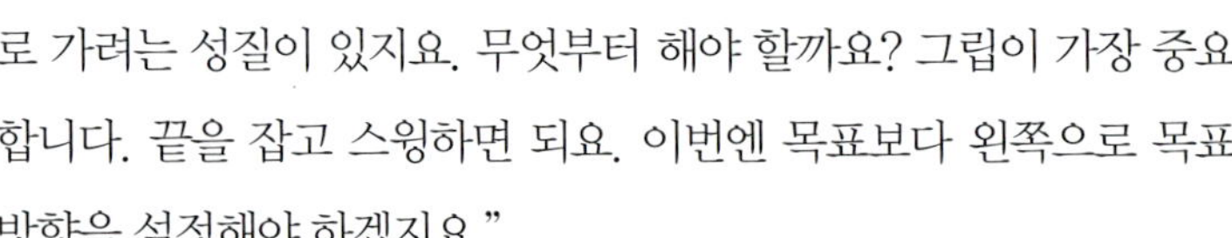

❶ 볼을 정상 위치보다 가깝게 놓고 그립을 길게 잡는다.
❷ 스윙 궤도를 업라이트 상태로 만든다.
❸ 임팩트 모습.
❹ 잘못된 백스윙의 톱 자세.
❺ 클럽을 안쪽으로 가져가면 다운스윙 시 체중 이동이 늦어질 수 있다.

는 것이지요. 둥글게 스윙한다고 하면 헛스윙이나 뒤땅을 칠 수도 있
지요. 이 같은 상황에서 제대로 볼을 쳤다고 가정해 보면 볼은 깎여
맞아 우측으로 날아갈 것입니다. 하지만 골퍼의 스윙 궤도가 심하게
플랫해서 몸까지 왔다 갔다 한다면 이와 같은 라이에서의 연습은 좋
은 결과로 이어질 수 있어요. 스윙 궤도를 업라이트 상태로 해 주세
요. 볼에 가까이 서게 해 줍니다. 가까이 서면 어떻게 되지요? 클럽
을 더 위로 들 수 있게 됩니다. 그러면 내리찍듯 볼이 맞게 되지요."

　　스미스는 볼이 발보다 아래쪽에 놓여 있을 때 일반 골퍼가 겪는
고민까지 이해했다. 쉽게 생각을 변화시킬 수 있는 것, 즉 대조되는
상황에서의 연습법이 중요하다는 것이 그의 결론이었다.

홍희선 프로의 연속 동작

내리막과 오르막 경사에서의 샷

임팩트 직후에 클럽헤드는 반드시 내리막 경사를 따라서 낮게 이동되어야 한다.

Player TIP

내리막 경사에서의 샷

❶ 공은 정상적인 위치보다 가까이 놓는다.
❷ 어깨를 경사면과 수평이 되도록 어드레스한다.
❸ 몸의 앞쪽(왼쪽 다리)에 무게중심을 둔다.
❹ 스윙은 경사면을 따라 진행하고 임팩트 시 로프트 각을 충분하게 준다.
❺ 피니시에서 클럽을 들어 올리지 않고 깔아 준다.

오르막 경사에서의 샷

❶ 목표 지점보다 약간 오른쪽을 지향한다.
❷ 어깨를 경사면과 수평이 되도록 어드레스한다.
❸ 낮게 시작해 높게 끝난다는 느낌으로 스윙한다.
❹ 몸의 중심을 앞쪽에 둔다.
❺ 폴로 스로에서 팔을 완전히 뻗어 준다.

샷을 할 때 심리적으로 부담을 주는 환경이 있다. 높은 언덕을 향해 치거나 심한 내리막으로 쳐야 할 경우다. 이럴 경우에는 부담이 커 실수가 많아진다. 기술적인 요령이 부족해 생기는 실수보다 더 이상한 실수가 나온다. 골퍼라면 이러한 경험이 한두 번은 있을 것이다.

오르막에서 샷을 하면 체중 이동이 어렵다. 몸이 흔들리는 현상도 많이 발생한다. 치고 나면 뒤로 넘어질 것 같은 느낌이 든다. 내리막 상황에서는 마음속에 느껴지는 부담감도 반대로 나타난다. 친 볼이 좌우로 날아가 버릴 것 같고, 샷을 하자마자 아래로 넘어질 것만 같다. 약간만 바람이 불어도 부담은 두 배가 된다. 볼이 페어웨이 좌우를 벗어나 OB 지역에 떨어질 것 같은 느낌이 든다.

릭 스미스는 한국 골퍼들이 경사면에서 느끼는 불안감과 그에 대한 고민을 이미 알고 있는 듯하였다.

❶ 다운스윙 초기에 체중이 왼발로 충분히 옮겨지지 않은 상태에서는 심한 토핑성 볼이 나온다.
❷ 몸의 정렬을 경사도와 일치시키지 않으면 스윙 시에 몸의 체중이 무리하게 오른쪽 다리에 실린다.
❸ 내리막 경사에서는 양어깨의 선을 경사와 같도록 자세를 잡는다.

1) 내리막 경사에서의 샷

"자, 이제 내리막 경사예요. 많은 사람이 어렵게 느끼는 샷이지요. 사람들이 어렵게 느끼는 데는 다 이유가 있습니다. 골퍼들이 내리막 경사를 이기려고 하는 데서 실수가 생기는 것입니다. 자, 자세히 느껴 보지요. 왼발이 낮은 위치에 있는데 척추가 경사도 반대쪽에 기울어져 있으면 안 됩니다. 어깨 기울기는 경사도와 평행이 되어야 합니다."

스미스는 몸을 수그리지 말고 왼쪽으로 살짝 기울여야 한다고 말했다. 경사면에서는 몸을 수직으로 세우기가 쉽지 않기 때문에 문제가 발생한다. 샷을 하기 전부터 아래쪽으로 넘어질 것 같은 느낌을 갖게 하기 때문이다. 스탠스의 폭을 크게 가지고 왼발 축을 강하게 지지해야 한다.

내리막 경사에서의 샷

❶ 톱 동작에서도 몸은 경사에 맞게 왼쪽으로 기울인다.
❷ 임팩트 직후 헤드 면이 내리막 경사에 맞게 낮게 이동된다.
❸ 릴리스 시에 양팔을 더 낮게 가져간다.
❹ 간결한 피니시 자세.

백스윙 과정

릭 스미스의 샷 시범

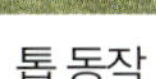

톱 동작

임팩트 모습

낮은 릴리스

볼이 평평하지 않은 곳에 놓여 있을 때는 골퍼 자신의 느낌대로 샷을 쳐 볼 필요가 있다. 그렇게 하다 보면 골퍼들이 실수한 동작을 스스로 느끼게 된다. 이러한 느낌을 가지고 스스로 교정해 가면서 샷을 해 보면 쉽게 필요한 자세를 얻을 수 있다.

"어깨 선을 경사도와 맞추세요. 그러면 좋은 샷이 됩니다. 이러한 상황에서 플랫하고 둥글게 스윙하면 안 돼요. 뒤땅을 칠 확률이 있어도 볼에서 멀리 서 있으면 안 된다는 것입니다."

스미스는 라이더컵 때의 기억을 더듬어 설명을 이어갔다.

"라이더컵 때, 아마 벨도라마였던 것으로 기억하는데요, 유럽 선수들과 경기할 때입니다. 존 쿡이라는 선수가 저에게 도움을 청했죠. 그의 탄도는 아주 낮았습니다.

왜냐하면 볼을 칠 때 들어오는 클럽의 각도가 모자랐기 때문이죠. 그는 플랫하고 둥글게 스윙하고 있었어요. 그때 저는 내리막 라이를 찾게 되었고, 쿡에게 3번 아이언을 이런 라이에서 치게 했지요. 긴 채로 이러한 내리막에서 플랫하게 칠 수 없었죠. 그는 채를 높게 들어 높이 뜨는 공을 구사했어요. 이러한 간단한 교정법으로 라이더컵에서 미국 팀은 이길 수 있게 되었어요. 제가 그 선수에게서 교정해 준 것은 잊지 못할 일이에요. 그의 공의 탄도는 낮고 톱성이었기 때문에 이런 드릴이 그에게는 아주 잘 맞을 수 있었던 것입니다.

12

항상 로프트를 더 주세요. 로프트 각도를 더 살리면 됩니다. 자, 저는 지금 3번 아이언을 가지고 있습니다. 이것으로 치면 공이 아주 낮게 깔려서 나갈 것입니다. 그러므로 로프트 각도를 더 주어야 합니다. 5번 아이언 같은 채로 공을 치면 됩니다. 너무 긴 채로 치면 공이 낮게 날아가기 때문입니다. 평상시보다 더 낮게 갈 것입니다. 그래서 조절해야 합니다."

2) 오르막 경사에서의 샷

"자, 이번에는 반대의 샷입니다. 오르막 경사에서 치는 것입니다. 이러한 상황에서는 공이 높이 뜨게 됩니다. 이것을 꼭 기억하세요. 왜냐하면 이런 경사에서 공을 치면 하늘로 아주 높고 똑바로 나가게 됩니다. 여기서도 마찬가지입니다. 이때 어깨 기울기는 땅의 경사와

오르막 경사

❶ 다운스윙 과정에서도 코킹을 끝까지 끌고 내려온다.
❷ 임팩트 직후, 시선을 그대로 둔 채 양팔을 뻗어 낸다.
❸ 볼을 친 후에 팔을 쭉 뻗어 준다.

같아야 합니다."

스미스는 스윙을 낮게 시작해 높게 끝내는 느낌을 가져 보라고 하였다. 채를 바로 올렸다가 내리찍으면서 경사를 이기려고 하지 말라는 것이다. 그리고 그는 이렇게 덧붙였다.

"몸이 왼쪽으로 돌아 나가지 않게 하면서 백스윙을 하고 공을 친 후에는 팔을 쭉 뻗는 느낌이 있어야 합니다. 그러면 공이 똑바로 높게 뜰 것입니다. 이런 위치에서 공을 치면 체중이 뒤에 남게 되니까 공은 왼쪽으로 가려고 할 것입니다. 왜냐하면 체중이 뒤에 남게 되면 클럽페이스가 닫히기 때문이지요."

공을 치고 난 뒤 팔을 쭉 뻗어 주는 이유는 그래야 페이스가 조금밖에 안 닫히기 때문이다. 그리고 공이 경사에 있을 때나 왼발이 오른발보다 높은 곳에 놓일 경우 약간 오른쪽을 겨냥한다.

"팔을 뻗고요, 척추를 경사 기울기에 맞추어서 기울이고 백스윙을 하세요. 편안한 자세를 만들고 공을 치세요. 아주 좋은 연습 방법입니다."

❶ 임팩트 시, 상체 각도를 그대로 유지해 시선을 원래 볼의 위치로 향한다.
❷ 폴로 모습. 오른쪽 어깨를 낮게 두고서 피니시 동작으로 이어 간다.
❸ 팔을 쭉 뻗어서 피니시한 모습.

13 낮은 탄도는 깔아서, 높은 탄도는 퍼 올리듯

 낮은 탄도와 높은 탄도를 위한 샷

낮은 탄도를 위한 샷

① 낮은 탄도를 위한 백스윙의 톱 동작. 정상적인 스윙의 약 75%.

② 다운스윙 과정. 코킹을 끝까지 끌고 내려온다.

③ 임팩트 이후에도 양팔을 함께 뻗는다.

④ 릴리스 동작이 피니시 동작. 정상적인 스윙의 약 50%.

볼의 탄도를 자유롭게 조절할 수 있을 때 비로소 수준 높다는 평가를 받게 된다. 볼의 탄도를 자유롭게 조절하면 적어도 2~3타는 줄일 수 있다. 탄도는 바람과 밀접한 관계가 있는데 바람을 역이용해 방향과 거리를 향상시킬 수 있다. 골프장에 있는 장애물들과의 싸움도 이길 수 있게 된다. 이처럼 볼의 탄도를 조절할 수 있는 능력

은 싱글 골퍼가 되기 위한 조건이다.

1) 낮은 탄도를 위한 샷

릭 스미스는 낮은 탄도의 샷을 위해 평소보다 긴 채를 선택하고 그립을 내려 잡으라고 하였다.

"낮은 탄도의 공은 녹다운샷과 비슷합니다. 클럽을 넉넉하게 잡고 치는 것이 중요해요. 바람이 아주 강하게 분다고 가정해 봅시다. 이럴 때 저는 공을 낮게 치고 싶습니다. 여기 6번 아이언이 있습니다. 평소에는 이것으로 185야드 정도를 보내지만, 이러한 경우에는 150야드에서 160야드 사이의 거리를 치는 데 사용합니다. 140야드까지 가능하지요. 너무 긴 클럽을 선택했다고 걱정하지 마세요. 왜냐하면 공을 세게 치려고 끝까지 올려 칠 것이 아니기 때문이지요.

톱 동작

낮은 탄도를 위한 샷 동작

다운스윙 초기

임팩트 순간

세게 치면 공중으로 많이 뜹니다. 평소보다 긴 채를 잡고 그립을 내려 잡으세요."

나는 잭 니클라우스가 항상 강조하던 점을 떠올렸다. 그는 그러한 상황에서 공을 얇게 치면 낮게 가기 때문이라며 항상 톱성의 공을 쳤던 것이다. 스미스도 절대 땅을 파려 하지 말고, 체중 이동과 공을 낮게 보낸다는 것을 기억하며, 공을 중간쯤에 놓으라고 하였다. 체중을 너무 많이 이동하지 말고 톱성 볼을 치는 느낌을 가져야 한다는 것이다.

"가슴도 항상 공 위에 위치하도록 하세요. 몸이 뒤로 남아 손목으로만 퍼 올리려고 하지 마세요. 저는 손목이 돌아가지 않기 위해 신경을 쓰고 피니시는 낮게 합니다. 그러면 공은 바람 밑으로 갈 것이고 절대 바람을 타지 않을 것입니다. 이런 샷은 펀치 드릴과도 비슷합니다. 우리는 자주 나무숲으로 공을 치지요. 그렇게 하기 싫어도

릴리스 초기   피니시

그렇게 하게 됩니다. 나무숲에서는 나뭇가지들 때문에 공을 낮게 쳐 탈출해야 합니다. 이런 리커버리나 바람이 불 때 가슴의 위치는 항상 공 위에 있어야 하며 공을 치고 나서는 채가 낮게 깔려 있어야 합니다."

그는 또한 이렇게 덧붙였다.

"항상 척추가 왼쪽에 있다고 생각하세요. 만약 반대로 있다면 손목을 사용하게 될 것입니다. 그러면 공은 뜰 것이고 안쪽으로 많이 말릴 것입니다."

2) 높은 탄도를 위한 샷

"척추와 릴리스가 공의 탄도를 좌우한다면, 높이 띄우는 샷도 마찬가지일 것입니다. 큰 나무를 넘겨야 할 경우 몇 가지 바꾸어야 할 점이 있습니다. 공이 좋은 라이보다 나쁜 라이일 때 상황이 더 어렵

높은 탄도를 위한 샷 동작 시 볼의 위치는 중심보다 왼쪽에 둔다. 몸을 우측으로 기울여 어드레스 자세를 취한다.

13

죠? 이럴 경우 공을 깎아 치거나 채의 각도를 더 살려 아웃에서 인으로 스윙해야 합니다. 클럽페이스를 열고 밖에서 안쪽으로 치는 거죠. 그러면 공이 높이 뜹니다. 멀리 보낼 수는 없지만 공을 띄울 수 있어요."

"볼이 디봇에 들어간 것처럼 말이죠?"라는 확인 질문에 스미스는 이렇게 대답하였다.

"네, 그것처럼 말이죠. 양호한 라이에 공이 있다면 깎아 칠 걱정을 안 해도 되겠죠. 라이가 나쁠수록 공을 치는 각도는 더 가파르고 테이크백이 밖으로 됩니다. 하지만 너무 심각하게 생각하지는 마세요. 그냥 높게 띄운다고 생각하면서 느껴 보세요."

그리고 공은 중간에서 앞쪽에 두고 척추 각은 우측으로 약간 기울여 주어야 한다고 지적했다.

"공을 칠 때 손목만 사용해 공을 띄운다는 생각을 하세요. 행동이 아니라 생각만입니다. 저는 손목의 각도를 많이 유지합니다. 하지만 느낌만 그렇게 가져요. 채가 손보다 먼저 지나간다는 생각을 하면서 체중이 뒤에 남아 있어야 합니다. 너무 뒤로 가지 마세요. 몸의 축이 낮아질 수 있기 때문이지요. 몸이 낮아지면 공 뒤를 치게 됩니다."

이렇게 샷을 해 보니 공이 높게 똑바로 갔다. 마찬가지로 많은 스피드도 낼 수 있었다. 몸이 아주 뒤로 처지지 않는다면 말이다. 그는 릴리스되도록 그냥 놔두라고 하였다. 너무 일부러 돌리면 공이 낮게 가기 때문이라는 것이다. 느낌만으로 약간 퍼 올리는 것처럼 치라고 강조하였다.

릭 스미스는 한국 골퍼들이 놀라운 성적을 보인다며 많은 관심을 나타냈다.

다음은 그의 충고이다.

"정신적으로 무장하고 준비에 들어가야 합니다. 하루 종일 공만

가파르게 들어 올린다는 느낌을 갖고 백스윙한다.

친다고 되는 것은 아니지요. 자신의 스타일을 파악하고 연습에 포커스를 두어야 합니다. 연습의 양도 중요하지만 질도 고려해야 합니다. 그다음으로 게임 전략을 짜는 것입니다. 자신에게 필요한 것이 무엇인지 파악해야 하지요. 최고가 되기 위해서는 정신력과 체력이 모두 강해야 하고 식단 관리도 소홀히 하면 안 됩니다. 체력단련의 중요성은 아무리 강조해도 지나치지 않습니다. 그 후에 스윙 연습을 하면 자신감이 붙지요. 또 명심해야 할 것은 쇼트게임 전략을 가지는 것입니다. 연습할 때 골프 코스에서 발생할 수 있는 상황들에 대해 예측하고 머릿속으로 미리 준비하는 것입니다. 그러면 실제로 필드에 나설 때 훨씬 준비된 상태에서 경기를 진행할 수 있습니다. 큰 기대를 버리고 편안한 마음으로 긴장 상황을 즐기세요."

탄도 높은 샷의 백스윙 톱은 높다. 다운스윙으로 이어져 만들어지는 피니시 동작은 역시 높게 만들어진다. 골프에서 스윙 동작은 백스윙과 피니시 동작이 같은 크기로 만들어질 때 조화로운 자세라고 볼 수 있다.

TV 방송 활동

2009 서울경제 TV 〈전욱휴의 골프 마스터〉 진행
2008 J 골프 〈전욱휴의 월드 그레이트 티처스 20〉 진행
2008 MBC–ESPN 〈전욱휴의 골프가 쉬워지는 드릴〉 진행
2008 J 골프 〈전욱휴의 골프가 쉬워지는 드릴〉 진행
2007 J 골프 〈전욱휴의 골프 마스터〉 진행
2006 YTN 〈전욱휴의 PGA 골프 아카데미〉 진행
2005 MBN 〈전욱휴의 코스 매니지먼트〉 진행
2004 I–TV 〈골프가 좋아좋아〉 진행
2003 MBC–ESPN 〈전욱휴의 PGA 실전 골프〉 진행
2002 MBC–ESPN 〈전욱휴의 PGA 실전 숏게임〉 진행
2001 SBS GOLF 〈디지털 레슨〉 진행
2003 MBC–ESPN 전속 해설위원
2002 MBC–ESPN 전속 해설위원
2001 MBC–ESPN 전속 해설위원
2001 SBS–GOLF 해설위원

학계 / 교육기관 활동

2004 경희대학교 체육대학원 〈프로골퍼 최고전문위과정〉 겸임교수
2003 경희대학교 체육대학원 〈프로골퍼 최고전문위과정〉 겸임교수
2002 경희대학교 체육대학원 〈프로골퍼 최고전문위과정〉 겸임교수
전욱휴골프연구소 운영
전욱휴골프사관아카데미 원장(프로/선수반 운영)
기업체 골프 전문강사

2009 중앙일보 중앙선데이 〈전욱휴가 만난 월드 그레이트 티처〉
2008 중앙일보 중앙선데이 〈전욱휴가 만난 월드 그레이트 티처〉
2003 중앙일보 〈전욱휴의 실전 숏게임〉
2002 중앙일보 〈전욱휴의 PGA 실전 스윙〉
2001 중앙일보 〈전욱휴의 PGA 정통 골프〉
2005 매일경제신문 〈전욱휴의 PGA 스윙〉
2004 매일경제신문 〈전욱휴의 PGA 스윙〉
2003 스포츠서울 〈전욱휴의 PGA 정통 골프〉
2002 스포츠서울 〈전욱휴의 PGA 정통 골프〉
2004 골프 다이제스트 〈전욱휴의 실전 골프〉
2003 골프 다이제스트 〈전욱휴의 실전 숏게임〉
2002 골프 다이제스트 〈전욱휴의 FULL SWING〉
2003 비즈넷(중앙일보) 〈전욱휴의 TOP 프로스윙 비교〉

전욱휴가 만난 월드 그레이트 티처

초판 1쇄 인쇄 2009년 8월 25일
초판 1쇄 발행 2009년 9월 1일

지은이 | 전욱휴
발행인 | 강봉자
편집인 | 김종철
펴낸곳 | (주)문학수첩

주소 | 경기도 파주시 교하읍 문발리 출판문화단지 525-3
전화 | 031) 955-4447(마케팅부), 031) 955-4500(편집부)
팩스 | 031) 955-4455
등록 | 1991년 11월 27일 제16-482호

http://www.moonhak.co.kr
e-mail: moonhak@moonhak.co.kr

ISBN 978-89-8392-330-1 13690

* 저자와의 협의하에 인지를 생략합니다.
* 파본은 바꾸어 드립니다.